彰国社

福祉施設の設計

障害者・子ども・高齢者
地域との共生を目指して

二井清治
二井るり子
編著

●──「しょうがい」の表記については多様な見解があるが、本書では常用漢字である「障害」を用いている。

●──掲載事例のデータは、2019年10月時点のものである。

ブックデザイン──────刈谷悠三＋角田奈央＋平川響子／neucitora

はじめに

この本は、私たちが運営者とともにつくり上げてきた福祉施設(障害者・子ども・高齢者)の事例をまとめたものである。

福祉施設の計画は、運営者と設計者が、それぞれの立場から情報と知恵を出し合い、形をつくっていく作業であるが、利用者の特性もさまざまで、経験を蓄積するのが難しい分野である。私たちが福祉施設の設計に携わるなかで、試行錯誤しながら積み重ねてきた施設設計の考え方や設計のポイントを、建築設計者や施設関係者に伝え、経験や知識を共有することで、日本の福祉施設がより良い環境になることを願い、本書を執筆した。

およそ30年前、わが国の福祉施設の環境は先進国とは思えないものであった。認知症の高齢者が入院する病棟を見学したことがきっかけとなり、私たちは一級建築士と福祉コンサルタントという立場で、互いに協力しながら、地域に開かれた居心地のよい福祉施設をつくることを決意した。研究者と設計者を対象とする日本医療福祉建築協会に入会し、最新の研究や国内外の先進事例の見学を通じて、福祉施設の課題を知り、新しい施設のあり方を模索した。障害児・者施設の設計では、福祉関係者からさまざまな障害特性について教えていただき、その過程で知的障害のある人のバリアフリーに目を向け、調査研究を行い、結果を施設の設計に反映してきた。児童の分野では、2004年、大阪府社会福祉協議会が実施した「児童養護施設等の居住環境の望ましいあり方に関する調査研究」に参加し、施設関係者や研究者とともに国内および海外施設を調査し、子どもの育つ環境について考えた。

近年、福祉施設は大きく変化した。まず、高齢者の分野でユニット型特養が提示され、またたく間に全国に広がった。障害者の分野では、ノーマライゼーションの理念のもと、大規模入所施設を解体し地域での普通の暮らしの実現が目指されている。児童養護施設では、建物や生活集団の小規模化・地域分散化の方向性が示され、これを踏まえた施設の建替えや環境改善が急がれる。

福祉施設の役割として、利用者のみでなく地域全体の福祉を担うことが期待されている現在、地域に愛される良質な福祉施設の計画がますます必要となっている。

本書の構成は、1章で、障害者施設6事例、子どもの施設10事例、高齢者施設3事例の19事例を取り上げ、それぞれの特徴や要望に対してどのように建築として応えたかについて説明している。各種別のはじめに、施設体系および歴史的経緯と各事例の位置づけについて、日本建築学会福祉施設小委員会のメンバーである先生方に執筆いただいた。2章では、居室、浴室、外構など15項目について、詳細図を用いて設計のポイントをまとめた。

これから福祉施設を計画する建築設計者や施設関係者、福祉分野を目指す学生など、幅広い皆様に手にとっていただき、新しい施設づくりの参考にしていただければ幸いである。

二井清治・二井るり子

目次

3 | 高 齢 者 施 設

2 章 | ゾ ー ン ご と の 計 画 の ポ イ ン ト

福祉施設の
設計にあたって

二井清治・二井るり子

福祉施設とは、障害者、子ども、高齢者などに福祉サービスを提供する施設をいい、国により定められた法律に則り運営されている。各事例の紹介に入る前に、私たちが、それぞれの施設の設計にあたってどのような視点で取り組んできたかを述べる。

1 | 障害者施設

地域との共生を目指す

初めて障害者施設の設計の依頼を受けて見学した通所施設は、街中に立地していたが中の様子はまったく見えず、一般の人が入れる雰囲気はなかった。暗い中廊下と仕切られた部屋の中で、作業をする職員と利用者が息を抜く場所もない環境であった。

新しい施設では、障害があっても地域とのかかわりの中で働く喜びと日々の楽しさを感じられることが希望された。

「地域との共生」は、地域に存在するだけでなく、地域の一員としてのかかわりをもちながら生活をすることだと考えている。設計にあたっては、建物の中に光があふれ、居心地よい空間をつくること、ガラスの開口により中がよく見えること、周囲の塀や門扉は低く抑え、建物の中に地域の人が利用できるカフェなどをつくること、道路に面して花や緑を植栽すること、などを計画した。

ガラスは危険であると思われていたため、衝突を防止する化粧柱を立てるなどの配慮をしたうえで、ガラス面の多い明るく開放的な建物とした。開所後は心配されていた事故は起こらず、利用者にとってもストレスをためない環境の果たす役割は大きいと考えている。

さまざまな障害特性を理解し環境を整える

2006年の障害者自立支援法施行により、知的、身体、精神の3障害が一元化され、1人ひとりの状態やニーズに応じたサービスが提供されるようになった。

各施設は3障害対応を目指すが、障害の特性に応じた支援の提供が可能となっている。たとえば、自閉症と重症心身障害を主な対象とする場合では、部屋の広さや設備内容には大きな違いがある。自閉症は刺激に敏感でコミュニケーションが苦手などの特性があり、個別のケアが必要とされる。そのため、できるだけ少人数のグループに分け、各部屋にトイレや更衣室、スタッフルームを設ける。1人になれる小さなリラクセーションルームや作業空間の構造化なども必要とされる。

重症心身障害は車椅子での移動を基本とする。排泄管理に配慮した広いトイレや全介助式の入浴設備を備え、リフトのルートなども検討する。また、屋外とのつながりをもたせるため、ベッドに寝たまま出られるテラスや、室内から緑が見えるように植栽を計画する。

強度行動障害者を対象とした共同生活援助（グループホーム）では、入居者同士ができるだけ刺激し合わない環境があると落ち着いて過ごせることから、居室の扉は共用室に面さず、トイレや洗面の動線が重ならないよう工夫する。

それぞれの障害特性について学び、その障害に応じた環境を整えることで障害が際立たないようにすることが大切である。

個別のニーズに対応する

グループホームでは、入居者によって音に対して過敏であったり、逆に大音量で音楽を聞くなど生活のニーズに違いがある。多様な障害福祉サービスを選択できるように、居住環境についても自ら選択できるという視点も必要だと考えている。

平均的な入居者を想定した標準タイプの居室を設定し、オプションとして防音仕様や内装仕上げを用意し、個別のニーズに応じた環境を整える。オプションの費用は入居者が負担する。入居後はスケジュールボードなどの道具を用いることで更に個別の環境を整え、より自立した生活につなげることができる。

2 ｜ 子 ど も の 施 設

安心して成長できる場

子どもの入所施設には、乳児院や児童養護施設がある。大舎といわれる大きな建物の中での集団生活から、少人数の家庭的な環境へと移行するために、環境改善が進められている。

本書で紹介する事例も、建替えを機に小規模化を実施し、竣工後も更なる小規模化と地域分散化を進めている。

近年、虐待を受けている子どもの数は増え続け、命を失うという悲しい事件も後を絶たない。家庭にのみ育児の責任を押し付けるのではなく、子どもは社会で育てていく、という強い決意が必要である。里親への委託を進めつつ、子どもが安心して成長できる場として乳児院や児童養護施設の環境を、これからも改善していかなければならない。

家庭的環境と子育て支援

0歳から受け入れる乳児院では、乳児の生活スケールに見合った小さな単位の空間を連続してつなぐことで家庭的な環境をつくり出していく。死角のない空間、感染症への対応、安全への配慮などさまざまな問題に対し、台所、トイレ、浴室などのつながり方などについて職員との打合せを重ね設計を進める。また、日当たりや半屋外空間の利用は日光浴や水遊びが手軽にできる環境として乳児には特に重要であると考えている。

少人数のユニットに分かれた場合、そのなかで職員の疲弊による問題も起きがちである。スタッフルームの位置、ユニットと共用空間とのつながりなど、職員が孤立せず、協力体制がとりやすいプランが大切である。

施設の専門性を地域の子育て支援に役立てることも、今後の福祉施設の大きな役割である。そのための部屋の計画や子どもを守りつつ地域に開く工夫が、建築に求められる。

温かく迎え見守る

幅広い年齢の子どもが暮らす場である児童養護施設の運営には、性の問題や虐待を受けた子どものケア、発達障害などの障害をもつ子どもへの対応などさまざまな課題がある。小規模化したとき

の職員の不安なども共有しつつ、実際にどのような運営をしていくか、その意図に沿った建物のあり方について、シミュレーションしながら時間をかけて検討していく。

建物の形状は敷地条件により、戸建住宅タイプやマンションタイプが考えられるが、いずれも小規模な生活単位である「ユニット」の計画がポイントになる。子どもを温かく迎え見守る食堂・居間を中心としたプランを基本に、通風や採光を確保した居心地よい空間をつくる。屋外空間は子どもの発達への影響が大きいことから、建物と一体的に計画することを心がけている。

感性を刺激する環境

未就学児を対象とする子どもの通所施設は、家庭以外の場所に来ることの不安をやわらげつつ、子どもがわくわくする環境を提供する。かつて、公立の障害児施設を見学した時に、頑丈で立派な建物ではあるけれど、ここに通ってきたいという思いを感じさせない冷たい印象を受けた。それは何が原因なのか、自分たちの設計する建物はそうなってはいないかと常に問い続けながら、子どもの視点で設計を進めている。

3 ｜ 高 齢 者 施 設

生活を継続する

本書で紹介する3つの事例は、いずれも地域密着型サービスで、今後ますます増加が予想される認知症高齢者や要介護高齢者が住み慣れた地域で生活が送れることを目指すものである。少人数の家庭的な雰囲気の中で今までの生活を継続し、できる限り自立した生活を送れるよう、プライバシーへの配慮や居場所の設定を考える。

日本文化の継承と人間のスケールに合った空間

内装デザインについては、和室や床の間などの日本文化を少しでも伝えていきたいと思っている。また、居心地のよさにも通じることであるが、空間全体が大きくなりすぎないように、天井のデザインや格子の間仕切りなどにより、人間のスケールに合った生活空間をつくることを心がけている。伝統的な日本建築である町家や社寺、茶室などが参考になる。福祉施設を設計する視点としては、重要なことだと考えている。

子どもの施設を併設し地域福祉の拠点となる

乳児院と保育所を併設した地域密着型特別養護老人ホームの事例は、それぞれの生活空間は階により分かれているが、地域交流ホールや中庭を共有している。法人が行う地蔵盆や高齢者の食事会、地域の子育て支援などの行事に乳児から高齢者までが集まり、地域全体に温かなふれあいがつくり出されている。

縦割り行政により、補助金の申請時期や開設までの手順が異なることで、綱渡りのような工程が求められたが、今後は種別による補助金行政が解決され、子どもと高齢者、障害者の施設の併設が当たり前になることが望まれる。

本書で取り上げた事例の分類

対象者（根拠法）／障害者（障害者総合支援法）／子ども（児童福祉法）／高齢者（老人福祉法）／利用形態

事業と施設の種別
- 障害福祉サービス事業：居住支援系（共同生活援助（グループホーム））／日中活動系（生活介護・短期入所）／訓練系・就労系（自立訓練・就労移行支援・就労継続支援B型）
- 地域生活支援事業：日中一時支援
- 障害児通所支援事業：療育（放課後等デイサービス・児童発達支援）
- 児童福祉施設：社会的養護（児童発達支援センター・障害児入所施設・乳児院・児童養護施設）／保育（保育所）
- 介護保険法による地域密着型サービス事業：特別養護老人ホーム・地域密着型介護（グループホーム）・認知症対応型共同生活

施設名称	竣工年	主たる利用者	共同生活援助（グループホーム）	生活介護	短期入所	自立訓練	就労移行支援	就労継続支援B型	日中一時支援	放課後等デイサービス	児童発達支援	児童発達支援センター	障害児入所施設	乳児院	児童養護施設	保育所	特別養護老人ホーム	地域密着型介護（グループホーム）	認知症対応型共同生活	入所	通所
レジデンスなさはら	2012	18歳–　強度行動障害	●																	●	
ヤンググリーン	2002	18歳–		●	●																●
里の風	2004	18歳–		●	○			○													●
ぷれいすBe	2009	18歳–		●	●	○	○	●	●												●
クローバー	2012	18歳–	●																		●
とうふく布施	2014	18歳–		●	●			○													●
豊里学園	2012	5歳–20歳											●							●	
豊里学園はばたき	2016	高校生–20歳											●							●	
こどもデイケアいずみ	2001	3歳–小学校就学まで										●									●
まめべや	2012	3歳–小学校就学まで　小学生–高校3年生								●	●										●
あおぞら	2008	2歳–おおむね18歳													●					●	
生駒学園	2012	2歳–おおむね18歳													●					●	
奈佐原寮	2016	2歳–おおむね18歳													●					●	
和泉幼児院	2012	2歳–おおむね18歳													●					●	
和泉乳児院	2012	0歳–おおむね2歳												●						●	
すみれ乳児院	2017	0歳–おおむね2歳												●						●	
菜の花保育所	2009	0歳–小学校就学まで														●					●
清泉	2004	65歳–、認知症																	●		●
いずみ池上の里	2011	65歳–、認知症																	●		●
ふれ愛の館しおん	2018	65歳–、要介護度3以上、特例要介護1・2															●				●

○——— 現在は行っていない事業

1章 | 福祉施設の事例

視線	ユニットの共用空間などのパブリックな空間
職員のみの動線 ————————→	居室などのプライベートな空間
利用者、その他	作業室などアクティビティの空間
写真番号と見る方向	植栽

本書に掲載する図面の主な凡例

利用者の動線	- - - - - - - - - -→	ユニット名、障害サービス事業名	
職員のみの動線	————————→	ユニットの共用空間などのパブリックな空間	
視線	••••••••••••••→	居室などのプライベートな空間	
職員		作業室などアクティビティの空間	
利用者、その他		利用者・サービスのアプローチ、屋外活動の場(舗装面)	
写真番号と見る方向	①→	植栽	

解説

障害者施設

松田雄二
東京大学大学院工学系研究科 建築学専攻

障害者施設の歴史的経緯と種別

1 | 障害者施設に関わる制度の変遷

日本では、戦後さまざまな福祉関係の法律が定められるなかで、知的・精神・身体の障害種別ごとに法律が定められ、またそれぞれの法律にしたがって施設やサービスがつくられてきた。結果、利用できる施設やサービスが障害によって異なるなど、弊害が指摘されてきた。また、入所施設では24時間、365日にわたりサービスが提供され、利用者が施設から他の環境に移行することがきわめて難しい状況に置かれていた。

この状況を一変させたのが、2006年に施行された障害者自立支援法（2013年に障害者総合支援法として施行、以下「支援法」とする）である。支援法により、旧来の法体系では障害種別ごとに定められていたサービスや施設体系が一元化され、施設を含めたすべてのサービスは「日中活動」と「住まいの場」に分割された［図1］。これは、「施設から地域へ」の方針のもと、夜間は施設で暮らす利用者でも日中は施設以外の場所で活動を行えるようにするなど、少しでも24時間を通じた施設での生活から、地域での暮らしへと移行を促したためだと思われる。

2 | 障害者施設の種別

現在の支援法では、サービスは「訪問系」「日中活動系」「訓練・就労系」「施設系」「居住支援系」の、5つに大別される［表1］。このうち、「訪問系」は基本的に居宅でのサービスのため、施設を必要としない。「日中活動系」「訓練・就労系」は「通所系」のサービスであり、利用者がサービスに応じた日中活動を行うための施設が必要となる。たとえば「生活介護」であれば、重度の障害のある人が活動や入浴などを行う施設が求められ、「就労継続支援A型」であれば、雇用契約に基づく就労を行うための施設が必要である。

「施設系」「居住支援系」のサービスは、基本的に夜間の住まいを提供する「入所系」のサービスである。このうち「施設入所支援」は、これまでの入所施設における夜間の住まいのサービスで、「共同生活援助」とは地域における小規模なグループホームを意味する。また、日中に行うサービスの有無や種類によらず、施設入所支援を行う施設は「障害者支援施設」と呼ばれる。

障害者施設の課題

1 | 住まいの場の「地域移行」に関する課題

2006年に支援法が施行され、移行期間を経て2012年にはすべての施設が新体系に移行した。その後の「居住の場」の定員の変化を見ると、グループホームの利用者数は、2012年時点の6.4万人から2017年時点で9.3万人と、順調に増加している。他方で施設入所支援の利用者数を見ると、2012年時点の14.8万人に対し、2017年時点では14.4万人と、微減に留まっている。これまで筆者らが行ってきた調査研究からは、施設からグループホームに移行したくても、地域に十分なグループホームが存在しない、またグループホームのような、地域での小規模な暮らしに移行することが難しい人びとが存在するなどの意見が示されている。グループホームという「器」のさらなる整備に加え、そこでの生活を支えるソフト面での充実が、今後の地域生活への移行には欠かせない。

2 | 施設機能に応じた建築空間のあり方に関する課題

障害者の施設に求められる建築空間を考えるうえで、そのユーザーがどのような特性をもち、それに対して建築空間がどのような構成をもつべきか、ということはきわめて重要である。しかし、障害者の特性として、利用者の特性やニーズが大きく異なり、どのような空間を建築で用意すべきかということについて、不明な点が多々残されている。

この結果、特に重度の障害のある人びとの生活の場が、未だ十分に地域に展開されず、施設や親元に留まらざるをえない状況になっている。たとえば、身体に重度の障害のある人が利用可能なグループホームは、きわめて少ない状況である。また重度行動障害のある利用者が安心して利用できる生活介護施設も、現状では限られている。

3 | 地域生活を支える諸機能・諸施設の課題

「施設から地域へ」の流れのなかで、障害者の住まいの場は地域へと向かいつつある。そこで求められることが、地域生活を支える諸機能・諸施設の充実である。現状では、地域におけるグループホームは量的にはまだまだ十分ではなく、それ以外のアパートでの生活などを選択しようとしても、入居可能な住宅が少ないこと、またそこでのサポートが得にくいことなどの課題が残されている。

制度的には、2014年にはそれまで身体障害者しか利用できなかった「重度訪問介護」を知的・精神障害者も利用できるようになったこと、また2018年には「自立生活援助」という、地域での1人暮らしに移行した障害者をサポートする支援が始まったことなどは、画期的なことであった。加えて、同じく2018年には介護保険制度および支援法のなかで「共生型サービス」が開始された。これは、高齢者または障害者の居宅・日中活動系のサービスの指定を受けている事業所が、もう一方の制度における居宅・日中活動系サービスの指定を受けやすくする、という制度である。このような、「障害」「高齢」という制度の垣根を越えたサービスの進展は、いまある社会資源の活用という意味でも、またノーマライゼーションの進展という意味からも、きわめて重要であろう。

掲載事例の総評

1-1 レジデンスなさはら

強度行動障害のある人びとのグループホーム。強度行動障害のある人びとは、行動特性や好みの個人差が非常に大きく、また環境の刺激にきわめて敏感に反応する人も多いため、建築的な対応には細心の注意が求められる。この事例では、建物全体の計画に加え、個別の居室部分の詳細計画という2段構えで入居者の特性に対応することで、この難題に見事に応答している。

1-2 ヤンググリーン

これまで「作業所」と呼ばれていた施設類型であり、多くの場合単に広い空間を用意することで十分とされてきた。本事例では、建築としては開放的な空間を用意しながらも、照明や空調、家具の工夫により、細かく分節することも可能としている。利用者の特性によってさまざまな空間の使い分けを可能とする、知的障害者の就労支援施設として、汎用性の高い計画を示している。

1-3 里の風

障害者にとって「社会との関わり」は決定的に重要であるが、施主との丁寧なやりとりによってその社会との接点をきわめて豊かにつくり出した好例。多様な障害特性に対応した、丁寧につくり込まれた細部は、ノーマライゼーションの思想の具体例としても高く評価される。

1-4 ぷれいすBe

さまざまな障害をもった人びととの、地域生活を支援するための施設。多様な利用者に配慮し、利用者ごとに別々の入口をもちながら、スタッフは内部を自由に行き来することができる。中庭やライトコートからは施設の各所に光が取り込まれ、これまでの「通所施設」とはまったく異なる、明るく落ち着いた雰囲気が生まれている。通所者の食堂としても使われるカフェは地域住民にも開放され、豊かな社会とのつながりもつくられている。

1-5 クローバー

重度の身体障害者にとって、浴室にアクセスできないことが、地域生活の継続を断念させる大きな原因であった。この事例は、家庭での入浴が難しい人びとに入浴サービスを提供し、「施設」と「居宅」の組み合わせによって地域生活の継続を可能にするという、地域居住の新たな選択肢を示している。

1-6 とうふく布施

障害のある利用者の特性として、状況は必ずしも一定ではなく、その時々によって日中活動のニーズも変化することがある。本事例はカフェでの就労と集団・個別での作業という、3種類の活動を1つの建物に組み込むことにより、利用者の長期的な変化や日々のモチベーションに合わせた、選択の幅の広がりを生み出している。

図1 ｜ 障害者に関するサービス体系の変化

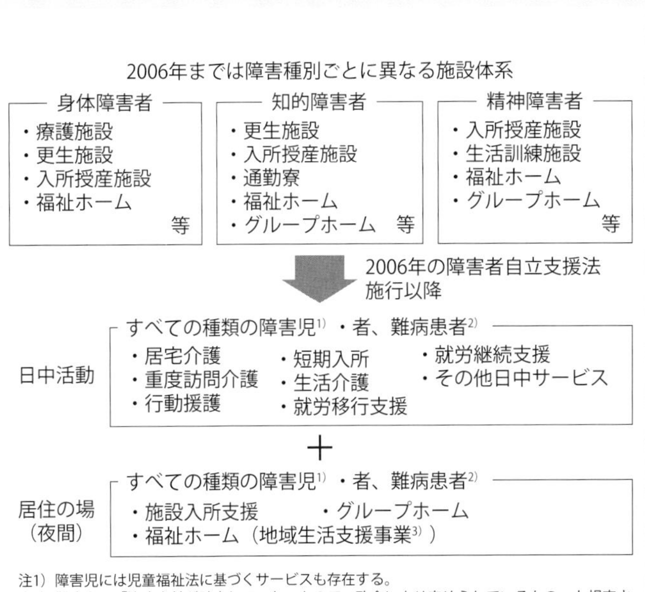

2006年までは障害種別ごとに異なる施設体系

身体障害者
・療護施設
・更生施設
・入所授産施設
・福祉ホーム　　　　等

知的障害者
・更生施設
・入所授産施設
・通勤寮
・福祉ホーム
・グループホーム　　等

精神障害者
・入所授産施設
・生活訓練施設
・福祉ホーム
・グループホーム　　等

2006年の障害者自立支援法施行以降

日中活動
すべての種類の障害児[1]・者、難病患者[2]
・居宅介護　　・短期入所　　　・就労継続支援
・重度訪問介護　・生活介護　　・その他日中サービス
・行動援護　　・就労移行支援

＋

居住の場（夜間）
すべての種類の障害児[1]・者、難病患者[2]
・施設入所支援　　　・グループホーム
・福祉ホーム（地域生活支援事業[3]）

注1）障害児には児童福祉法に基づくサービスも存在する。
注2）難病とは「治療方針が確立していないもので、政令により定められているもの」と規定されている。
注3）地域生活支援事業とは、市町村または都道府県が主体となり、地域の特性や利用者の状況に応じて実施する事業。

表1 ｜ 障害者総合支援法のサービス体系

系統	サービス	内容
訪問系	居宅介護	自宅での入浴・排せつ・食事の介護
	重度訪問介護	重度の人への、自宅での介護や外出時の支援等
	同行援護	視覚障害者への外出時の情報提供や介護
	行動援護	判断能力が制限されている人への外出時の支援
	重度障害者等包括支援	最重度の障害者に対する包括的な支援
日中活動系	短期入所	短期間、施設で行う入浴・排せつ・食事等の介護
	療養介護	医療的ケアが必要な人に、日中病院で行う機能訓練や看護・介護、日常生活支援等
	生活介護	常に介護を必要とする人に、日中行われる入浴・排せつ・食事の介護等や活動の機会の提供
訓練・就労系	自立訓練（機能訓練）	自立生活を行うための、身体機能の訓練
	自立訓練（生活訓練）	自立生活を行うための、生活能力の訓練
	就労移行支援	一般就労のための、知識や能力の訓練
	就労継続支援A型	一般企業での就労が困難な人を雇用し、就労する機会を提供し、能力向上に必要な訓練を行う
	就労継続支援B型	一般企業等での就労が困難な人に、就労する機会を提供し、能力向上に必要な訓練を行う
	就労定着支援	一般就労する人への、生活面の課題等への支援
施設系	施設入所支援	施設に入所する人に、夜間や休日に行う、入浴・排せつ・食事の介護等の支援
居住支援系	自立生活援助	1人暮らしに移行した障害者に対する、居宅訪問や随時の対応による支援
	共同生活援助（グループホーム）	夜間や休日、共同生活を行う住居で行う、相談・入浴・排せつ・食事等、日常生活上の援助

1-1

強度行動障害のある人のためのグループホーム

レジデンスなさはら
1番館・2番館・3番館

DATA │ 名称：レジデンスなさはら／種別：共同生活援助（グループホーム）／定員：1番館（7名）、2番館（7名）、3番館（6名）／所在地：大阪府高槻市／建築主：社会福祉法人北摂杉の子会／敷地面積：2,373㎡／建築面積：760㎡／延床面積：752㎡／構造：木造／階数：地上1階／工期：2011年9月–2012年2月

1 │ 棟により屋根と壁の色を変え、招き屋根と片流れ屋根を組み合わせてスケール感を抑える　　2 │ 陰影をつくるサイディングの外壁

配置図兼平面図 │ 1/300

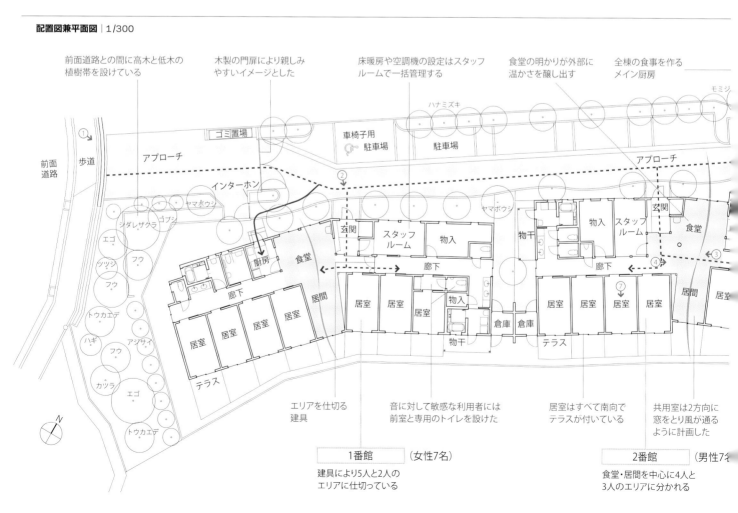

前面道路との間に高木と低木の植樹帯を設けている

木製の門扉により親しみやすいイメージとした

床暖房や空調機の設定はスタッフルームで一括管理する

食堂の明かりが外部に温かさを醸し出す

全棟の食事を作るメイン厨房

エリアを仕切る建具

音に対して敏感な利用者には前室と専用のトイレを設けた

居室はすべて南向きでテラスが付いている

共用室は2方向に窓をとり風が通るように計画した

1番館　　（女性7名）
建具により5人と2人のエリアに仕切っている

2番館　　（男性7名）
食堂・居間を中心に4人と3人のエリアに分かれる

計画概要

レジデンスなさはらは、法人が運営する作業所に通う人のなかで、重度の自閉症・知的障害や強度行動障害のある人のために計画された。強度行動障害は、知的障害のなかでも多動、自傷、異食など、生活環境への著しい不適応行動が多いため、日常生活を営むうえで著しい困難がある状態をいい、通常のグループホームよりも手厚いケアが必要となる。

この事例は3つのホームが集まり連携することで支援体制を整え、1人ひとりに合わせた環境をつくることによって、行動障害のある人が地域で生活することを実現したものである。

配置計画：
連続した3棟のグループホーム

南を山林、北を田畑に囲まれ、道を挟んで住宅地が広がる。敷地は間口25m奥行き90mの細長い形状で、手前から1番館、2番館、3番館が並ぶ。建物の間を倉庫でつなぐことにより建築基準法上は1棟の建築として申請している。

居室はすべて南向きに配置し、アプローチ側に食堂を設けて外部に住まいらしい雰囲気を醸し出すことを意図した。各棟には玄関のほかに厨房の入口があり、3番館には外部から直接出入りできるスタッフルームを設け、管理体制をとりやすくしている。

平面計画：
入居者同士の動線を分ける

入居者同士がすれ違ったり顔を合わせたりすることが刺激になって不安定な行動を引き起こすことが多いため、入居者の動線が重ならないよう平面プランを考えた。

食堂・居間の共用空間を中心に居室を2方向に分け、廊下に面して居室の入口を設けて共用空間に滞在する人と顔を合わさないようにした。また、洗面、トイレ、浴室をホームの両端に配して動線を分けている。2つに分けた居室のグループを、1番館は更に廊下を扉で仕切り、3番館はそれぞれ専用の玄関を設け

て間にスタッフルームを挟んで入居者が交わらないようにしている。

見守りのある住まい

入居者の安全を確保するために、見守りや設備の管理ができるよう計画した。スタッフルームには目線の高さに横長の窓を設け、入居者が内部を気にしないよう内側にロールスクリーンを付けた。厨房内から見守る窓には木格子を取り付けて視線を柔らかく遮っている。居室の扉には夜間の安全確認用の開閉式小窓を設け、見られるのが気になる人にはマジックミラーを使用した。設備については、床暖房制御盤、非常通報装置、空調機の温度設定等をスタッフルームで一括管理し、快適な環境を保つよう配慮している。

個別ニーズに応じた
しつらえ

設計の段階で入居者がほぼ決まっていたことから、保護者から個々のニーズや障害特性を聞き取り、居室のしつらえを決めた。音に敏感な人やラジオを大音量で聞く人からは、居室の防音が求められた。界壁を小屋裏まで立ち上げて一定の防音機能を確保し、さらに高い防音性能を必要とする居室は防音壁と防音扉で対応した（次ページ平面図）。1番館では前室付きの居室をつくっている。その他、壁の仕上げ材、照明器具の形状、カーテンの種類などが選択できるようオプション仕様を提示した。開設後も、入居者の状況に応じて、建具などでほかの入居者との接触を避けられるようにしたり、居室内を複数の小さな場所に仕切るなど、いくつかの改修が行われている。

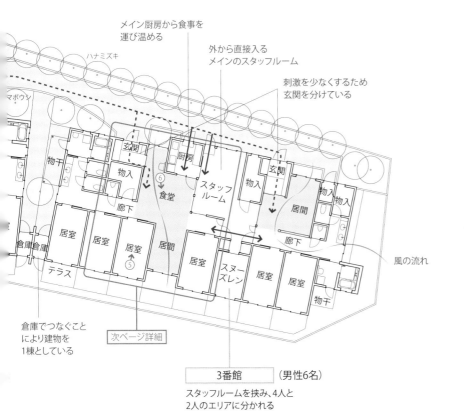

メイン厨房から食事を運び温める

外から直接入るメインのスタッフルーム

刺激を少なくするため玄関を分けている

ハナミズキ

マボウシ

玄関　厨房　スタッフルーム

物干　物入　食堂　居間　居室　物入　物入

廊下　居室　居室　居室　居間　居室　スヌーズレン　居室　居室　物干

倉庫　倉庫　テラス

風の流れ

倉庫でつなぐことにより建物を1棟としている

次ページ詳細

3番館　（男性6名）

スタッフルームを挟み、4人と2人のエリアに分かれる

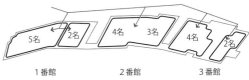

計画のダイアグラム

5名　2名　4名　3名　4名　2名

1番館　2番館　3番館

見守りのある住まい

3番館4人エリアの断面図(A-A) | 1/80

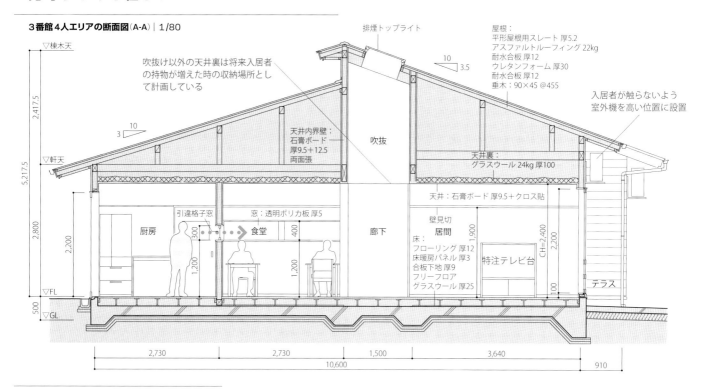

排煙トップライト

屋根：
平形屋根用スレート 厚5.2
アスファルトルーフィング 22kg
耐水合板 厚12
ウレタンフォーム 厚30
耐水合板 厚12
垂木：90×45 @455

吹抜け以外の天井裏は将来入居者の持物が増えた時の収納場所として計画している

入居者が触らないよう室外機を高い位置に設置

天井内界壁：
石膏ボード
厚9.5+12.5
両面張

吹抜

天井裏：
グラスウール 24kg 厚100

天井：石膏ボード 厚9.5+クロス貼

窓：透明ポリカ板 厚5

壁見切

引違格子窓

厨房

食堂

廊下

居間

床：
フローリング 厚12
床暖房パネル 厚3
合板下地 厚9
フリーフロア
グラスウール 厚25

特注テレビ台

テラス

2,730 / 2,730 / 1,500 / 3,640 / 910
10,600

3番館4人エリアの平面図 | 1/80

壁の仕様について──この建物の居室の壁は、石膏ボード 厚12.5 2重張りで強度をもたせ、防音のためすべて小屋裏まで立ち上げて区画している。更に高い防音性能を必要とする居室は、遮音パネル 厚12.5+石膏ボード 厚12.5、グラスウール 24kg/m³ 厚100充填とし、居室のドアや窓のサッシについても防音タイプのものを使用している。仕上げは、1、2号館は壁紙とし、3号館は特に強度をもたせるためにシナ合板 厚9を床上1,900mmまで張っている

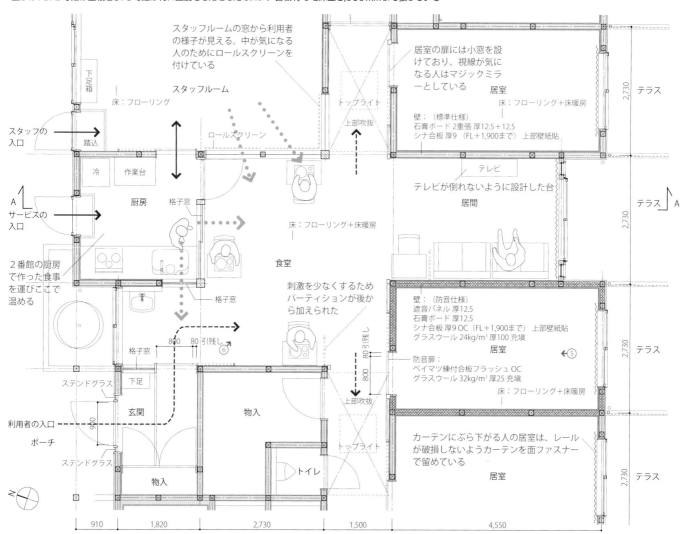

スタッフルームの窓から利用者の様子が見える。中が気になる人のためにロールスクリーンを付けている

居室の扉には小窓を設けており、視線が気になる人はマジックミラーとしている

スタッフの入口

スタッフルーム
床：フローリング

ロールスクリーン

トップライト

上部吹抜

居室
床：フローリング+床暖房

壁：（標準仕様）
石膏ボード 2重張 厚12.5+12.5
シナ合板 厚9（FL+1,900まで）上部壁紙貼

テレビ

テレビが倒れないように設計した台

サービスの入口

冷 / 作業台

厨房

格子窓

居間

2番館の厨房で作った食事を運びここで温める

食堂
床：フローリング+床暖房

刺激を少なくするためパーティションが後から加えられた

壁：（防音仕様）
遮音パネル 厚12.5
石膏ボード 厚12.5
シナ合板 厚9 OC（FL+1,900まで）上部壁紙貼
グラスウール 24kg/m³ 厚100 充填

居室

格子窓

800 / 80引残し 6

800 / 80引残し

ステンドグラス

下足

防音扉：
ベイマツ練付合板フラッシュ OC
グラスウール 32kg/m³ 厚25 充填

床：フローリング+床暖房

利用者の入口

玄関

物入

トップライト

上部吹抜

カーテンにぶら下がる人の居室は、レールが破損しないようカーテンを面ファスナーで留めている

ポーチ

ステンドグラス

物入

トイレ

居室

N

910 / 1,820 / 2,730 / 1,500 / 4,550

テラス

2,730 / 2,730 / 2,730

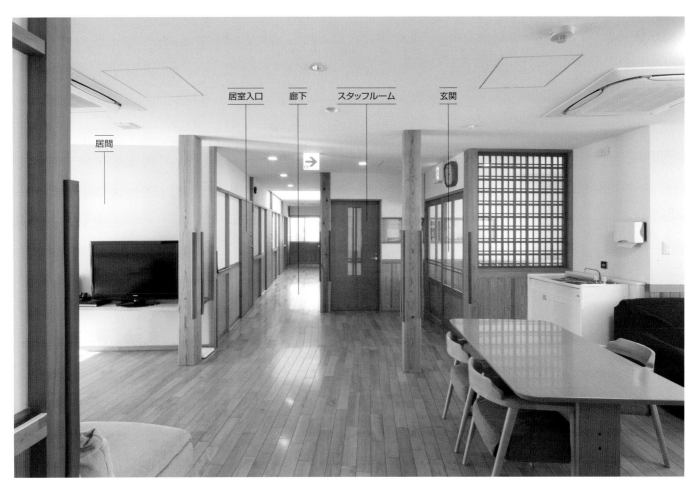

居間

居室入口　　廊下　　スタッフルーム　　玄関

3｜2番館の食堂から居室エリアを見る。居室入口は廊下に面している

厨房の格子窓

4｜2番館の食堂・居間を見る

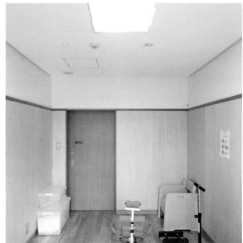

5｜3番館居室。壁はシナ合板張り、天井埋込み型の照明器具

6｜3番館4人エリアの食堂・居間。1人用の食卓が設置されている

7｜2番館居室。居室はすべて南向で独立したテラスが付いている

1-2

利用者の特性に応じたフレキシブルな作業空間

ヤンググリーン

DATA｜名称：ヤンググリーン（現：障害福祉さぽーと ライフグリーン）／種別：障害福祉サービス事業所（生活介護、短期入所）／
定員：40名、短期入所3名／所在地：大阪府東大阪市／建築主：社会福祉法人ヤンググリーン／敷地面積：640m²／
建築面積：383m²／延床面積：838m²／構造：鉄筋コンクリート造／階数：地上3階／工期：2001年10月−2002年4月

1｜コンクリート打放しの庇とガラスで軽やかさと開放感を表す

2｜レンガタイルの壁で囲ったテラス

計画概要

保護者が中心となって在宅知的障害者の就労の場を確保することを目的に計画された。地域にとけ込んだ、喜びや楽しさを感じられる場所であってほしいというのが親たちの願いであった。

計画にあたり知的障害者の自立を支援する環境を探るため、アンケート調査やヒアリングを行った。その結果、認知力の弱さ、光や音などの刺激への過敏性、パニックへの対応などの課題が挙げられ、これらに対し人的サポートだけでなく、建築の工夫による解決策を考えた。

配置計画：
通所者の動線を明確にする

敷地は周辺に町工場が立ち並ぶ準工業地域である。認知力の弱さから生ずる事故を防ぐため、通所者、車、サービスの動線を分け、床仕上げを変えてわかりやすくした。通所者は北西の門から入り、荷物の運搬は建物の南側を通って敷地奥から入る。

内部は、1、2階をつなぐオープンな階段と職員が管理する階段を設け、通所者が間違って3階まで行かないよう動線を明確にした。

平面計画：地域にとけ込む

1階は見通しの良い食堂と厨房、事務室を置き、2階は北側に水回りや更衣室などを並べて南側を作業空間とした。3階は短期入所の部屋がある。

地域の人に親しんでもらえるよう、1、2階は前面道路に向かってガラスの開口を設け内部が見える開放的なプランとした。また、1階にテラスを設けるとともに食堂の一画をカフェコーナーとして地域の人も入れる場所をつくり、道路に面してカフェの看板を掲げた。

フレキシブルな作業空間

2階は24m×8mのワンルームを、作業内容の変化と利用者の特性に応じたグルーピングに対応できるフレキシブルな空間とした。軽作業、工芸、木工など用途別の収納棚で仕切り、取外し式間仕切りパネルにより廊下との開口部も自由な位置に設けることができる。照明・空調設備は2mグリッドごとに設け、電源は天井のコンセントレールからとっている。

同じフロアにある医務室は、パニック時に利用できるよう、床・壁に衝撃を吸収する仕上げ材

を用いて利用者の安全を確保し、ブルーを基調とした色彩と調光式の照明で落ち着ける空間とした。

安全性と快適性の確保

知的障害のある人の自立を支援する環境として、安全性と快適性の確保は重要である。1階は飛び出しによる事故を防ぐため、自動ドアの押しボタンを壁面に設け、事務室内から格子越しに出入りを確認できるよう計画した。

また、ガラスへの安全策として強化ガラスに飛散防止フィルムを貼り、2階談話コーナーの窓は木の柱と手すりにより衝突を防止している。気持ちが安らぐ場として、階段室を緑の光に包み込まれる空間とし、食堂の間接照明や、太陽光を壁に反射させることにより光の刺激をやわらげている。

緑を眺めたいという要望があり、通所者の作業に利用できる屋上菜園を計画した。ランニングコストを抑えるため、雨水を地下の貯水槽に溜め、太陽光発電でポンプアップして水やりに利用している。

3階平面図 | 1/300

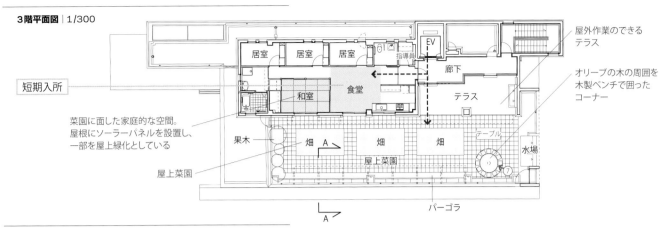

短期入所

屋外作業のできる
テラス

オリーブの木の周囲を
木製ベンチで囲った
コーナー

居室　居室　居室
指導員
EV
廊下
食堂
和室
テラス
菜園に面した家庭的な空間。
屋根にソーラーパネルを設置し、
一部を屋上緑化としている
果木
畑　A　畑　畑
テーブル
水場
屋上菜園
屋上菜園
パーゴラ
A

2階平面図 | 1/300

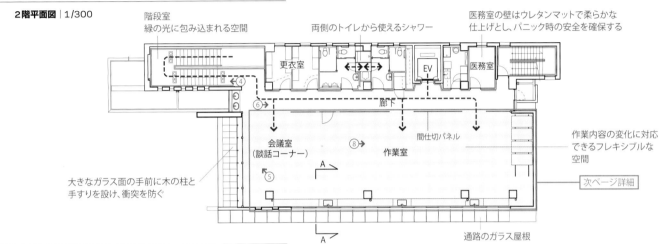

階段室
緑の光に包み込まれる空間

両側のトイレから使えるシャワー

医務室の壁はウレタンマットで柔らかな
仕上げとし、パニック時の安全を確保する

更衣室
EV
医務室
廊下
会議室
(談話コーナー)
間仕切パネル
作業室
大きなガラス面の手前に木の柱と
手すりを設け、衝突を防ぐ
作業内容の変化に対応
できるフレキシブルな
空間
次ページ詳細
通路のガラス屋根

配置図兼1階平面図 | 1/300

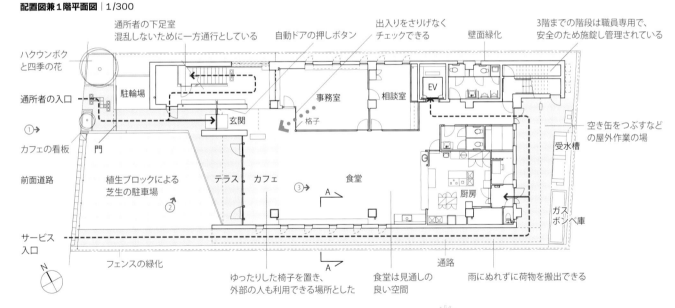

通所者の下足室
混乱しないために一方通行としている

自動ドアの押しボタン

出入りをさりげなく
チェックできる

壁面緑化

3階までの階段は職員専用で、
安全のため施錠し管理されている

ハクウンボク
と四季の花
駐輪場
事務室
相談室
EV
通所者の入口
玄関
格子
空き缶をつぶすなど
の屋外作業の場
カフェの看板
門
受水槽
前面道路
植生ブロックによる
芝生の駐車場
テラス
カフェ
食堂
厨房
ガスボンベ庫
サービス
入口
フェンスの緑化
ゆったりした椅子を置き、
外部の人も利用できる場所とした
食堂は見通しの
良い空間
通路
雨にぬれずに荷物を搬出できる
N

計画のダイアグラム

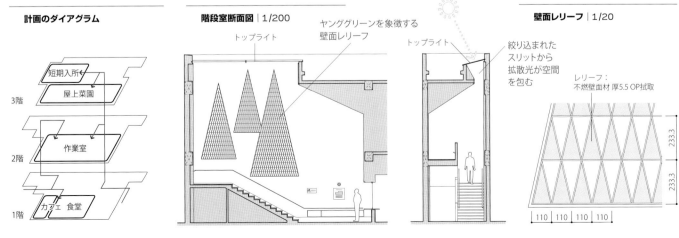

短期入所
屋上菜園
3階
作業室
2階
カフェ　食堂
1階

階段室断面図 | 1/200

トップライト

ヤンググリーンを象徴する
壁面レリーフ

トップライト

絞り込まれた
スリットから
拡散光が空間
を包む

壁面レリーフ | 1/20

レリーフ：
不燃壁面材 厚5.5 OP拭取

233.3

233.3

110 110 110 110

フレキシブルな作業空間

作業室家具配置パターン | 1/350

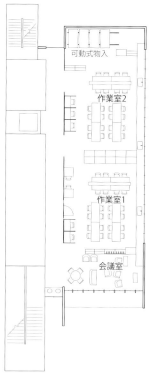

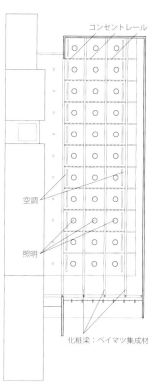

パターン1——作業室を3室に仕切った例。3室の独立性が高く、広い場所で作業を行うのが苦手な人が多いときの想定。流しは各ゾーンに必ず1つあるように位置を決めた。

パターン2——作業室を2室に仕切った例。パターン1よりも各ゾーンの独立性が一段階低いものとして想定。作業室2はパネルでゆるやかに仕切っている。

パターン3——作業室を2室に仕切った例。施設開設時の実際の家具レイアウト。仕切りながらもゆるやかに全体がつながり、大きな空間でみんなが一緒に作業する雰囲気が伝わる。

天井伏図——作業に使用する電源は、2mグリッドの天井化粧梁に設けたコンセントレールよりとることで、いろいろな家具配置パターンに対応できる。

作業内容に合わせた収納棚・机 | 1/80

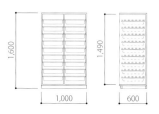

小物収納棚。透明プラスチックの引出、中身が見える収納

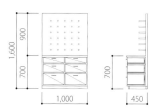

はた織用収納棚。上部は棒に巻糸を差し込んで収納。下部は鍵付き引出

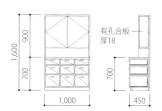

木工用工具棚。上部は扉を開けると有孔合板に工具が立体的に収納される

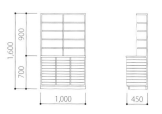

工芸用収納棚。上はオープン棚。下はA4の紙を入れる引出

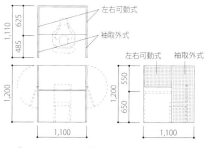

パーティション付作業机。集中して作業ができるように机の周囲をパーティションで囲った。机の前に作業手順を貼って使用する。パーティションは机の左右と袖の2段階に増やしていくことができ、利用者に合わせて変えられる

光の刺激をやわらげる

断面図（A-A） | 1/100

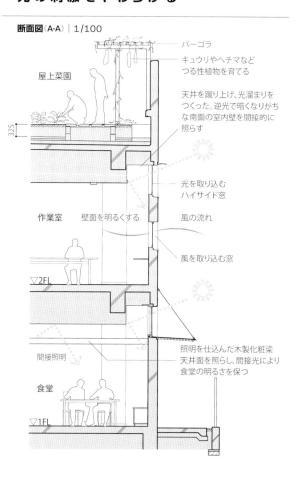

3 ｜ 廊下と一体の見通しの良い食堂。天井を照らす間接照明、左手は事務室の格子

4 ｜ 緑の光に包み込まれる階段室

5 ｜ 化粧柱と手すりで衝突を防止している

6 ｜ 2階作業室。作業内容の変化と利用者のグルーピングに対応できるフレキシブルな空間

7 ｜ 屋上菜園。手前はオリーブの木をベンチで囲った休憩コーナー

8 ｜ 照明・空調はグリッドに配置、電源は天井のコンセントレールからとる

1-3

多様な障害をもつ人が地域とともに活動する拠点

里の風

DATA｜名称：里の風／種別：障害福祉サービス事業所（生活介護）／定員：40名／所在地：大阪府八尾市／建築主：社会福祉法人ポポロの会／敷地面積：2,106㎡／建築面積：759㎡／延床面積：993㎡／構造：鉄骨造／階数：地上2階／工期：2003年10月−2004年4月

1｜ガラスの建具と木製ルーバーで構成し外部空間と一体化を図る

計画概要

施主は自身も身体障害がある元自治体職員で長年福祉行政に携わってきた。50歳を機に役所を退職し、障害の種別に関係なく地域の人とともに活動できるコミュニティの拠点となる施設づくりを目指した。2005年の障害者自立支援法より以前に授産施設として建設された、身体障害と知的障害を対象とした先駆的事例である。

配置計画：地域に開いた施設

東に生駒山系を望み、周囲に畑が広がる地域で、西隣に小学校がある。小学校側に引き込んだアプローチ道路に面して建物を開放することにより、地域に開いた親しみやすい施設とした。通所者の食堂を兼用した地域の人が利用できるレストラン、ケーキ工房で作ったケーキを販売するショップ、畑で収穫した野菜やハーブを加工する手作り工房の3つのエリアが異なった表情を見せる。人工のせせらぎや手押しポンプなどを設けて地域の子どもたちを呼び込み、自然な形で障害者とふれあう場

となることを目指した。
2階は重度重複障害者が書道や演劇などの創造活動を行う工房と短期入所の部屋を設けた。

平面計画：ゆるやかにつながる空間

施設全体を車椅子で活動しやすいように、独立した部屋を長い廊下でつなぐという施設形態を廃し、明確な場所性をもった部屋が連続する開放的なプランとした。空間が視覚的につながることで利用者が常に自分の位置を確認できる。またアルコーブを利用した会議室や庭に面した休憩コーナーなど異なる雰囲気の居場所を随所に設け、外部にはテラスや路地庭を設け、建物と屋外空間が一体となり、集団でも閉塞感やストレスをため込まない施設となるよう計画した。

多様な障害への配慮

車椅子利用者のために床はすべて段差をなくし、一方で目が不自由な人が空間を認識しやすいよう、天井高さに変化をつけている。障害のある人もない人も一緒に入れる浴室や、さ

まざまな障害を想定した異なるタイプのトイレを設け、サインには認知しやすいピクト（絵文字）を用いた。また、レストランで接客を行う利用者のために接客カウンターを設けた。
2階の工房には、畳コーナーから段差なく出られるテラス、同じレベルでつながる芝生を計画し、短期入所には高さが上下する洗面台とキッチンを備えた。下足箱、更衣ロッカー、ショップの棚等にフットスペースのある家具をつくるなど、施主との打合せを重ね、細かな工夫を施した。

ビオトープを組み込んだ環境計画

環境共生に造詣の深い施主であったことから、自然生態系を再現するビオトープをつくり、それを組み込んだ環境計画を行った。人工のせせらぎに集められた雨水がビオトープに流れ込み、ろ過された水は地下貯留槽に溜められ、太陽光発電の動力で循環し、敷地内に散水される。そのほか、OMソーラーシステムによる暖房と給湯、2重屋根、屋上緑化、国産ヒノキ間伐材など、敷地および建物全体を利用して環境共生を図っている（詳細はp.117参照）。

計画のダイアグラム

2階
工房　短期入所

1階
レストラン　工房
ショップ

2 ｜ 前面道路から見る。2重屋根と大きく張り出した庇が夏の暑さをやわらげる

2階平面図 ｜ 1/400

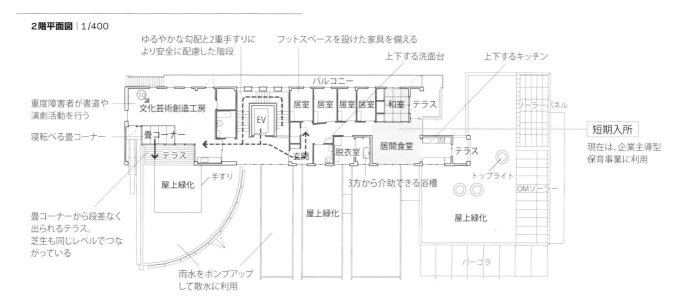

ゆるやかな勾配と2重手すりに
より安全に配慮した階段

フットスペースを設けた家具を備える

上下する洗面台

上下するキッチン

重度障害者が書道や
演劇活動を行う

寝転べる畳コーナー

畳コーナーから段差なく
出られるテラス。
芝生も同じレベルでつな
がっている

雨水をポンプアップ
して散水に利用

文化芸術創造工房

畳コーナー
テラス
屋上緑化
手すり

EV
玄関
居室　居室　居室　居室　和室　テラス
バルコニー
脱衣室
居間食堂
3方から介助できる浴槽
屋上緑化

テラス
トップライト
ソーラーパネル
OMソーラー
屋上緑化
パーゴラ

短期入所
現在は、企業主導型
保育事業に利用

配置図兼1階平面図 ｜ 1/400

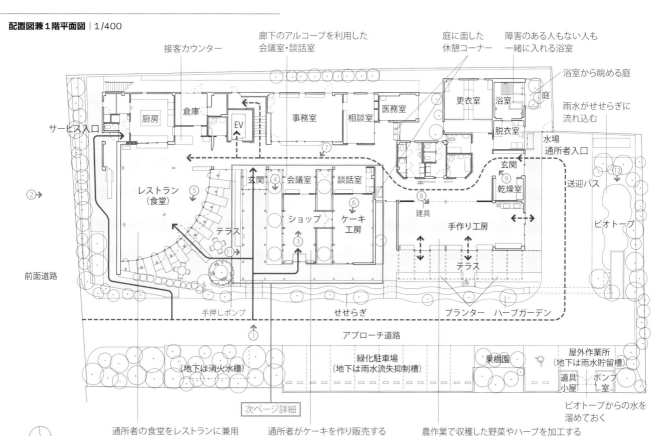

接客カウンター

廊下のアルコーブを利用した
会議室・談話室

庭に面した
休憩コーナー

障害のある人もない人も
一緒に入れる浴室

浴室から眺める庭

雨水がせせらぎに
流れ込む

サービス入口

厨房　倉庫
EV
事務室　相談室　医務室
更衣室　浴室　庭
脱衣室
水場
通所者入口
送迎バス

レストラン
（食堂）
テラス
玄関　会議室　談話室
ショップ　ケーキ工房
建具
玄関
乾燥室
手作り工房
テラス
ビオトープ

前面道路
手押しポンプ
せせらぎ
プランター　ハーブガーデン

アプローチ道路

（地下は消火水槽）
緑化駐車場
（地下は雨水流失抑制槽）
果樹園
屋外作業所
（地下は雨水貯留槽）
道具
小屋
ポンプ室

ビオトープからの水を
溜めておく

次ページ詳細

通所者の食堂をレストランに兼用
通所者が接客や皿洗いをする

通所者がケーキを作り販売する
車椅子の人が販売できるカウンター

農作業で収穫した野菜やハーブを加工する
屋外から直接出入りできる作業室

N

ゆるやかにつながる空間

ケーキ工房・ショップ断面図（A-A）| 1/100

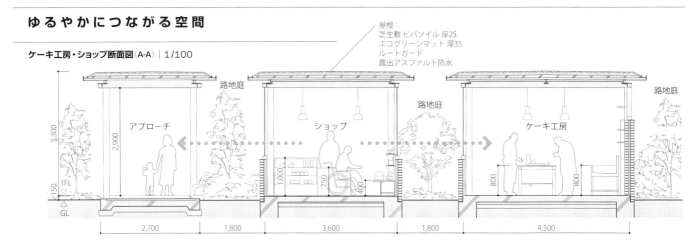

屋根：
芝生敷 ビバソイル 厚25
エコグリーンマット 厚35
ルートガード
露出アスファルト防水

路地庭　アプローチ　3,300　2,900　150 1FL　GL　ショップ　1,000　750　400　路地庭　ケーキ工房　800　800　路地庭

2,700　1,800　3,600　1,800　4,500

ケーキ工房・ショップ平面図 | 1/100

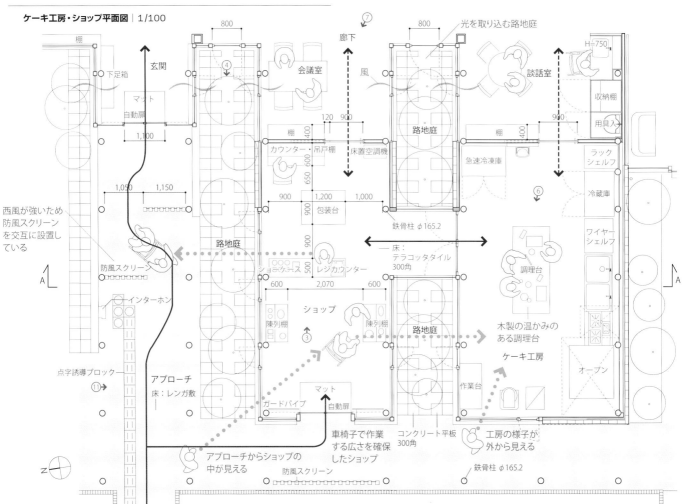

光を取り込む路地庭

西風が強いため防風スクリーンを交互に設置している

棚　玄関　下足箱　マット　自動扉　1,100　1,050　1,150　防風スクリーン　インターホン　点字誘導ブロック　⑪　アプローチ　床：レンガ敷　ガードパイプ　自動扉　マット　アプローチからショップの中が見える　防風スクリーン

会議室　廊下　風　棚　120　900　400　カウンター・吊戸棚　600　650　床置空調機　900　1,200　900　1,000　包装台　900　500　600　ショーケース　レジカウンター　600　2,070　600　陳列棚　ショップ　陳列棚　車椅子で作業する広さを確保したショップ

路地庭　鉄骨柱 φ165.2　床：テラコッタタイル 300角　路地庭　コンクリート平板 300角　工房の様子が外から見える　鉄骨柱 φ165.2

談話室　H=750　収納棚　用具入　棚　400　900　急速冷凍庫　ラックシェルフ　冷蔵庫　ワイヤーシェルフ　調理台　木製の温かみのある調理台　ケーキ工房　作業台　オーブン

3 | ケーキショップは3方から見える開放的な空間

4 | 路地庭

5 | レストランは外部からの出入口を設けテラスと一体的に利用できる

6 | ケーキ工房

7 | 廊下のアルコーブを利用した会議室

9 | フットスペースのある下足箱

10 | 2階の文化芸術創造工房

11 | アプローチからショップを見る

8 | 1階の手作り工房。建具を開けると廊下と一体となる

12 | 雨水が流れ込むビオトープ

1-4

重度障害から就労支援までの多機能な居場所を創造する

ぷれいすBe

DATA｜名称：高槻地域生活総合支援センターぷれいすBe／種別：障害福祉サービス事業所（生活介護、就労継続支援B型、短期入所）／定員：60名 短期入所10名／所在地：大阪府高槻市／建築主：社会福祉法人北摂杉の子会／敷地面積：2,625m²／建築面積：1,302m²／延床面積：1,420m²／構造：木造／階数：地上2階／工期：2008年10月−2009年3月

1｜異なる素材を組み合わせた外壁と2重屋根により大らかなデザインとした。右手の赤い庇はカフェの入口

計画概要

「ぷれいすBe」は、知的・精神・身体の3障害を対象に、生活介護・自立訓練・就労移行支援・就労継続支援B型・短期入所・相談支援の6つのサービスを提供する多機能型障害福祉サービス事業所として計画された。自閉症と重症心身障害（以下重身）の人を受け入れ、それぞれの特性に応じたケアを提供することを特色としている。建物は在来工法による大規模木造建築である。

配置計画：
用途別に分かれたアプローチ

多様な利用者のために用途別に独立した安全でわかりやすいアプローチを計画した。まず、食堂を就労継続支援B型のカフェとして営業するため、前面道路に近い西側に配置し、同じく就労継続支援B型のクリーニング事業は荷物の出し入れがしやすい敷地内通路に面した位置とした。来訪者を見渡せる位置に事務室を置き、事務室に面して通所者の玄関を設けた。重身はほかの通所者と分けて敷地奥に車寄せのある広い玄関を設け、短期入所は食堂脇の小道を通って南側の専用の玄関から入る

よう計画した。一般来客も通所者と分けて独立した玄関とした。

平面計画：
中庭を囲み建物を周回できる動線

建物は中庭を取り囲んで廊下と部屋を配置し、職員が周回できる効率的な動線と建物内のどこからでも緑が見える空間を目指した。通所者用玄関から中庭に面した廊下を通り、クリーニング室、重身のアクティビティルームがあり、短期入所の身体障害エリア、知的障害エリア、自立訓練の部屋を通って相談室のある廊下につながり、ライトコートを挟んで食堂へと続く。2階に上ると自閉症のアクティビティルームとスヌーズレンルームがある。

重症心身障害の特性に応じた空間

重身の玄関は車椅子が置ける広さを確保し、フットスペースのある下足箱を造り付けている。マットに寝転んだり大型車椅子で食事をしたりできる広いアクティビティルームを中心に、排泄に長時間を要する利用者のために、冷暖房設備を備えたトイレや、障害の状況に応じて使い分けられるよう3種類の浴槽を備えた

浴室がある。また、体を横たえた状態でも木漏れ日を楽しめるよう、ベッドのまま出られるテラスを設けた。南面する窓には直射日光を拡散する木製ルーバーを付けている。

短期入所は重身に隣接して身体障害のエリアがあり、スタッフルームを挟んで行き来ができる。重身の浴室やトイレを利用できるほか、屋外テラスも共有している。

自閉症の特性に応じた空間

2階にある自閉症のアクティビティルームはできるだけ刺激を少なくするため10人ずつの2グループに分け、それぞれにスタッフルーム、トイレ、更衣室を備えて少人数の対応ができるよう計画した。またグループごとに1人になれるリラクセーションルームを設置し、さらにグループで共用できるスヌーズレンルームを設けている。

短期入所の知的障害エリアにおいても、自閉症の人を受け入れるため、スイッチや冷蔵庫を食堂の物入れに収納し、脱衣室にある洗濯機は扉で見えなくするなど不要な刺激をなくす工夫をしている。

2階平面図 ｜ 1/400

五感を心地よく刺激する
スヌーズレンルーム

1人になれる部屋

更衣　スタッフ　　　　　スタッフ　更衣

1人になれる部屋

リラク
セーション
スヌーズレン
ルーム
EV
リラク
セーション

アクティビティ　　ホール　⑪　アクティビティ

生活介護（自閉症）
定員10名

生活介護（自閉症）
定員10名

配置図兼1階平面図 ｜ 1/400

就労継続支援B型
利用者の食堂をカフェとして開放
地域の人との出会いの場となる

相談支援
大きさの異なる3つの相談室

就労継続支援B型
井戸水を利用した業務用クリーニング
搬入と搬出を分けてわかりやすくしている

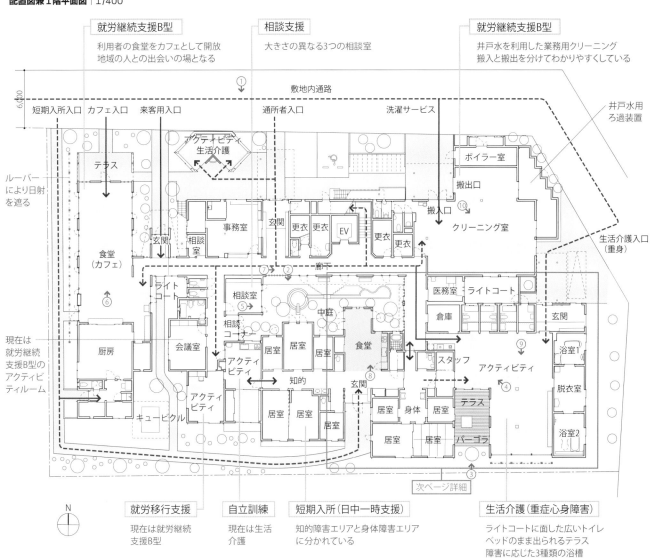

敷地内通路　①

短期入所入口　カフェ入口　来客用入口　　　通所者入口　　　洗濯サービス

井戸水用
ろ過装置

ルーバー
により日射
を遮る

テラス

アクティビティ
生活介護

ボイラー室

搬出口

玄関

相談室

事務室

更衣　更衣
EV
更衣
更衣

搬入口　⑩

クリーニング室

食堂
（カフェ）
⑥

ライト
コート

現在は
就労継続
支援B型の
アクティビ
ティルーム

廊下

⑦　②

相談室
⑤
相談
コーナー

中庭

居室　居室　居室

医務室　ライトコート

倉庫

生活介護入口
（重身）

玄関

浴室1

厨房

会議室

食堂

⑨

アクティビティ

脱衣室

アクティビティ

知的

玄関
⑧

スタッフ

アクティビティ

キュービクル

アクティビティ

居室　居室

居室

居室　身体　居室
テラス
パーゴラ

居室　居室

浴室2

③　次ページ詳細

N

就労移行支援
現在は就労継続
支援B型

自立訓練
現在は生活
介護

短期入所（日中一時支援）
知的障害エリアと身体障害エリア
に分かれている

生活介護（重症心身障害）
ライトコートに面した広いトイレ
ベッドのまま出られるテラス
障害に応じた3種類の浴槽

計画のダイアグラム

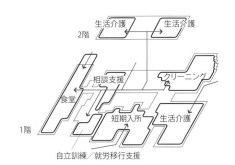

生活介護　　生活介護

2階

相談支援　　クリーニング

食堂

短期入所　　生活介護

1階

自立訓練／就労移行支援

2 ｜ 通所者玄関から見た中庭。
カツラの木が緑豊かに茂り
せせらぎが流れる

重症心身障害の特性に応じた空間

重症心身障害のアクティビティルーム平面図｜1/200

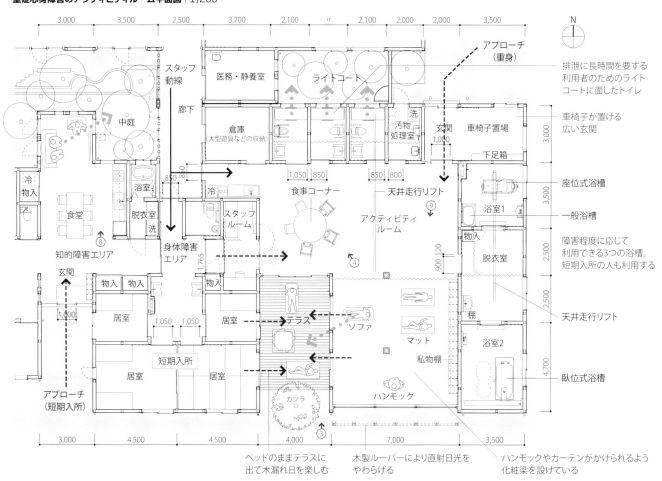

スタッフ動線

医務・静養室

ライトコート

アプローチ（重身）

排泄に長時間を要する利用者のためのライトコートに面したトイレ

中庭

廊下

倉庫（大型遊具などの収納）

洗

汚物処理室

玄関 1,000

車椅子置場

車椅子が置ける広い玄関

3,000

下足箱

冷物入

浴室

食堂

脱衣室

洗

冷

スタッフルーム

食事コーナー

天井走行リフト

アクティビティルーム

⑨

物入

浴室1

座位式浴槽

一般浴槽

3,500

知的障害エリア

⑧

身体障害エリア

脱衣室

棚

障害程度に応じて利用できる3つの浴槽。短期入所の人も利用する

2,500

2,500

天井走行リフト

玄関

物入 物入

物入

居室

居室

テラス

ソファ

マット

私物棚

浴室2

臥位式浴槽

4,700

短期入所

居室

居室

カツラ

ハンモック

アプローチ（短期入所）

③

ベッドのままテラスに出て木漏れ日を楽しむ

木製ルーバーにより直射日光をやわらげる

ハンモックやカーテンがかけられるよう化粧梁を設けている

N

重症心身障害のアクティビティルーム、テラス断面図｜1/60

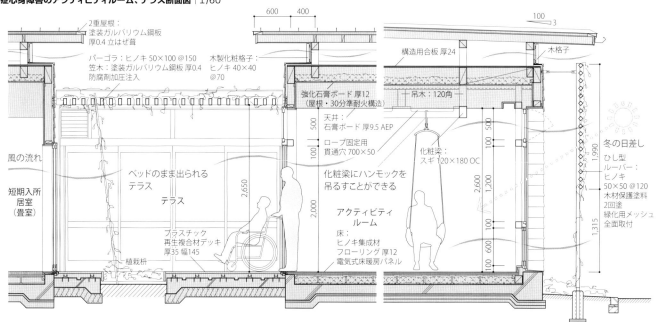

2重屋根：塗装ガルバリウム鋼板厚0.4 立はぜ葺

パーゴラ：ヒノキ 50×100 @150
笠木：塗装ガルバリウム鋼板 厚0.4 防腐剤加圧注入

木製化粧格子：ヒノキ 40×40 @70

木格子

構造用合板 厚24

強化石膏ボード 厚12（屋根・30分準耐火構造）

吊木：120角

天井：石膏ボード 厚9.5 AEP

ロープ固定用貫通穴 700×50

化粧梁：スギ 120×180 OC

風の流れ

短期入所居室（畳室）

ベッドのまま出られるテラス

テラス

プラスチック再生複合材デッキ厚35 幅145

植栽枡

化粧梁にハンモックを吊すことができる

アクティビティルーム

床：ヒノキ集成材フローリング 厚12電気式床暖房パネル

冬の日差し

ひし型ルーバー：ヒノキ 50×50 @120 木材保護塗料2回塗 緑化用メッシュ全面取付

2重屋根と庇——2重屋根と深く張り出した庇は夏の日射を遮り、建物を風雨から守る役目を担っている。屋根の構法は、24mmの構造用合板を桁上に張り付け、その上にゆるやかな勾配屋根を束で浮かし、通気層を形成し断熱効果を高めた。

左｜**3**｜パーゴラのあるテラスと日除けのルーバー
右｜**4**｜アクティビティルームの食事コーナー

5 | 中庭に面した相談室

6 | 通所者の食堂。就労継続支援B型のカフェとして営業する

7 | 中庭に面した廊下

8 | 短期入所の食堂。冷蔵庫は左手の扉の中に収納している

9 | 重身のアクティビティルーム。化粧梁にハンモックを吊るす

10 | 大型機械が並ぶクリーニング室。井戸水を利用している

11 | 自閉症のアクティビティルーム。10人のグループで使用する

1-5

重度重複障害者の日中活動を支援する

クローバー

DATA｜名称：クローバー／種別：障害福祉サービス事業所（生活介護）／定員：23名／所在地：大阪府豊中市／
建築主：社会福祉法人 蒲公英会／敷地面積：399㎡／建築面積：213㎡／延床面積：513㎡／構造：鉄骨造／階数：地上3階／
工期：2011年10月～2012年2月

1｜水色の大きな庇が来訪者を迎え入れる

2｜アプローチ正面にある「ふれあいカフェ」

計画概要

主に重度重複障害者を対象とした生活介護事業所である。豊中市内で運営していた身体障害者通所授産施設（小規模）を、市の土地を借りて新たに建て替えた。申請途中で補助金が2割カットされるアクシデントがあり、3階部分の間仕切りや空調設備を削減して建築工事費を見直し、法人の借入れによる自己資金を増加して、当初の延床面積を確保した。

配置計画：
来客を迎える「ふれあいカフェ」

敷地は伊丹空港に近い近隣商業地域にあり北側を市の運動公園に接する。地域に親しまれる施設にするため、食堂を「ふれあいカフェ」と名付け、アプローチの正面に設けた。南側の訓練・作業室からも食堂を通してガラス越しに公園の風景を楽しむことができる。

平面計画：
訓練・作業室をコアとする

1階は食堂と作業室、2階は浴室と作業室、3階は予備の部屋として計画した。

車椅子利用者が移動する空間を確保するため、訓練・作業室をコアとして諸室がつながるプランとした。1階は床に寝転んで体操をし、音楽を聴くなどの活動の空間で、食堂との間は通所者の私物を入れる棚で仕切り、上部はポリカーボネート板で透かしている。台所は、車椅子の人が調理に参加できるよう、キャスター付きの可動式カウンターとした。

2階は作業室の周囲に、寝転んでくつろぐ部屋、テレビを見る部屋、台所などを配し、視覚的につながる空間と閉じた空間に分け、用途に応じて建具のデザインを変えている。

重度重複障害者のための浴室計画

在宅の重度重複障害者にとっては家庭での入浴が困難なため、2階に入浴サービスの設備を設けた。シーツ交換が必要なときのために脱衣室はベッド2台分のスペースをとり、汚物流し、洗濯機等のユーティリティは壁面内に納めている。脱衣室から入るトイレは廊下側からも利用できる。

浴室は3方向から介助できる浴槽を備え、将来的にはリフトが導入できる広さを確保して

いる。現在は機械浴を使わない方針から、床にマットを敷いて身体を洗い、1人の利用者に2人の職員で入浴介助を行っている。

予算不足のため浴室暖房を入れることができなかったが、後日、天井に輻射式暖房パネルが設置できるよう、下地と電源を用意しておいた。

内部と外部を一体的にしつらえる

利用者は自由に身体を動かすことが難しいことから、建物内部と外部を一体的にしつらえることで、風・光・緑が感じられるよう計画した。

ふれあいカフェは隣接する公園の緑を借景として取り込み、作業室の南側には大きな開口と車椅子が出られるテラスを設けてベニハナミズキを列植した。トイレは排泄や着替えに時間を要する利用者のために、隣地とのわずかな隙間を板塀で囲って坪庭とし、庭を眺められるようにした。また、2階でも緑を楽しむことができるように、バルコニーに花壇を設けている。

3階平面図 ｜ 1/200

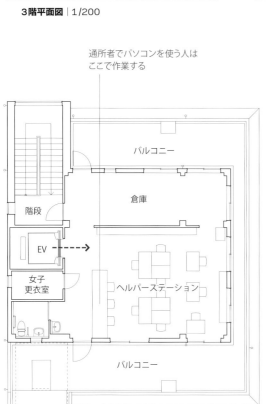

通所者でパソコンを使う人は
ここで作業する

バルコニー

階段

倉庫

EV

ヘルパーステーション

女子
更衣室

バルコニー

建築工事費を抑えるため、部屋の間仕切りや
設備を最小限に計画した。開設後事業が順調
に展開し、新たにヘルパーステーションを立ち
上げ、そのオフィスとして利用されている

2階平面図 ｜ 1/200

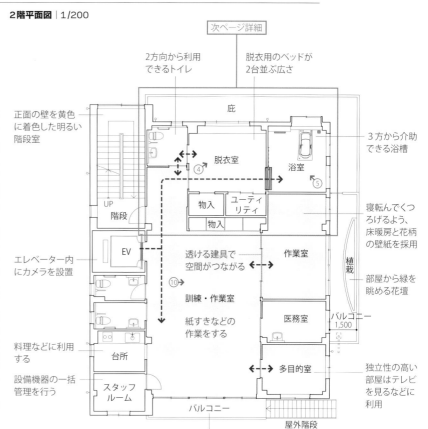

次ページ詳細

2方向から利用
できるトイレ

脱衣用のベッドが
2台並ぶ広さ

正面の壁を黄色
に着色した明るい
階段室

庇

脱衣室

浴室

3方から介助
できる浴槽

UP

階段

物入

ユーティ
リティ

物入

寝転んでくつ
ろげるよう、
床暖房と花柄
の壁紙を採用

エレベーター内
にカメラを設置

EV

透ける建具で
空間がつながる

作業室

植栽

部屋から緑を
眺める花壇

訓練・作業室

医務室

バルコニー
1,500

紙すきなどの
作業をする

料理などに利用
する

台所

多目的室

独立性の高い
部屋はテレビ
を見るなどに
利用

設備機器の一括
管理を行う

スタッフ
ルーム

バルコニー

屋外階段

紙すきの紙や洗濯物を干すバルコニー

計画のダイアグラム

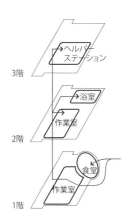

ヘルパー
ステーション

3階

浴室

作業室

2階

食堂

作業室

1階

3 ｜ 1階の訓練・作業室。食堂を通して公園の景色が見える

配置図兼1階平面図 ｜ 1/200

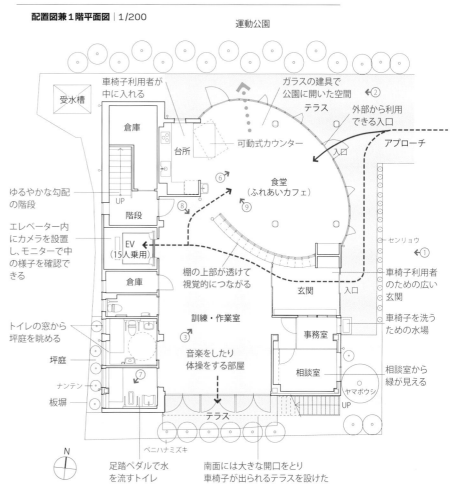

運動公園

受水槽

車椅子利用者が
中に入れる

ガラスの建具で
公園に開いた空間

倉庫

テラス

外部から利用
できる入口

台所

可動式カウンター

入口

アプローチ

ゆるやかな勾配
の階段

UP

階段

食堂
（ふれあいカフェ）

エレベーター内
にカメラを設置
し、モニターで中
の様子を確認で
きる

EV
（15人乗用）

センリョウ

倉庫

棚の上部が透けて
視覚的につながる

玄関

入口

車椅子利用者
のための広い
玄関

トイレの窓から
坪庭を眺める

訓練・作業室

事務室

車椅子を洗う
ための水場

坪庭

音楽をしたり
体操をする部屋

相談室

相談室から
緑が見える

ナンテン

ヤマボウシ

板塀

テラス

N

ベニハナミズキ

足踏ペダルで水
を流すトイレ

南面には大きな開口をとり
車椅子が出られるテラスを設けた

重度重複障害者のための浴室計画

トイレ・脱衣室・浴室断面図（A-A）| 1/60

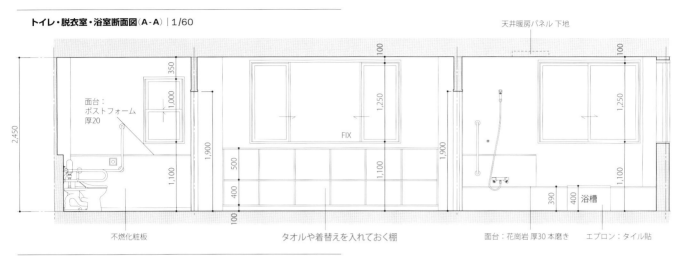

天井暖房パネル下地

面台：
ポストフォーム
厚20

FIX

2,450

350
1,000
1,900
1,100

500
400

1,250
1,100
1,900

100

1,250
390　400　浴槽
1,100

不燃化粧板

タオルや着替えを入れておく棚

面台：花崗岩 厚30 本磨き　　エプロン：タイル貼

2階浴室回り平面図 | 1/60

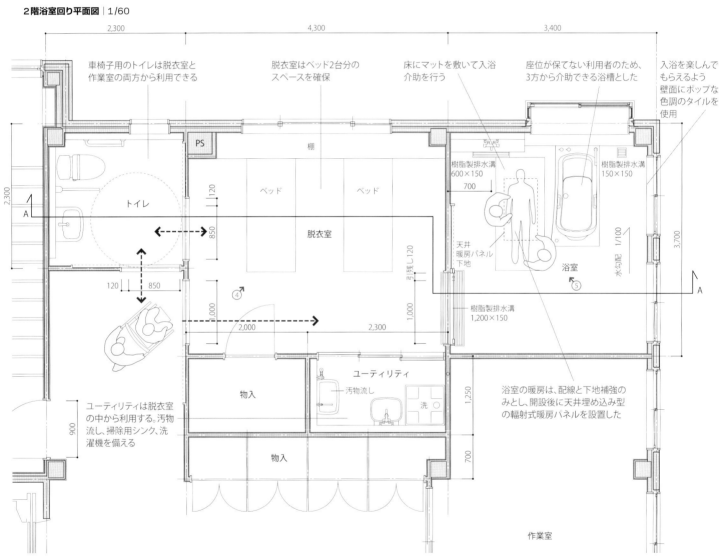

2,300　　　　　4,300　　　　　3,400

車椅子用のトイレは脱衣室と
作業室の両方から利用できる

脱衣室はベッド2台分の
スペースを確保

床にマットを敷いて入浴
介助を行う

座位が保てない利用者のため、
3方から介助できる浴槽とした

入浴を楽しんで
もらえるよう
壁面にポップな
色調のタイルを
使用

PS

棚

樹脂製排水溝
600×150
700

樹脂製排水溝
150×150

2,300

トイレ

120　850

120

850

ベッド　　ベッド

脱衣室

引残し120

1,000

天井
暖房パネル
下地

浴室

水勾配 1/100

3,700

A

1,000

2,000　　　2,300

樹脂製排水溝
1,200×150

ユーティリティは脱衣室
の中から利用する。汚物
流し、掃除用シンク、洗
濯機を備える

900

物入

ユーティリティ

汚物流し

洗

1,250

浴室の暖房は、配線と下地補強の
みとし、開設後に天井埋め込み型
の輻射式暖房パネルを設置した

物入

700

作業室

4 | 脱衣室。ベッドが2台置ける広さ

5 | 床にマットを敷いて入浴介助を行う

6 | 公園に面した通所者の食堂を兼ねたふれあいカフェ

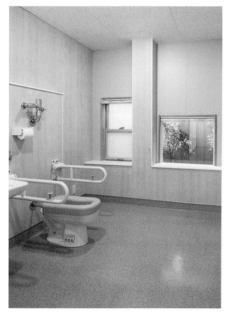

7 | 1階の坪庭に面したトイレ

8 | 1階の訓練・作業室。右手のテラスには車椅子のまま出ることができる

9 | 可動式カウンターのある台所

10 | 2階の作業室は透ける建具により視覚的につながっている

1-6

障害者が働くカフェが地域にとけ込む

とうふく布施

DATA｜名称：とうふく布施／種別：障害福祉サービス事業所（生活介護、短期入所）／定員：40名、短期入所4名／
所在地：大阪府東大阪市／建築主：社会福祉法人青山会／敷地面積：420㎡／建築面積：245㎡／延床面積：868㎡／
構造：鉄骨造／階数：地上4階／工期：2013年10月–2014年3月

1｜1階のカフェは大きな窓で開放的にし道沿いに樹木を植えている

計画概要

生活介護、就労継続支援B型、および短期入所事業を行う多機能型障害福祉サービス事業所として計画された。「みどりと花にあふれた、ゆったり・あったか」をテーマとした指名コンペ方式により、地域の人が利用するカフェを就労支援の場として営業することを提案し設計を受託した。

配置計画：角地にカフェを設ける

敷地は西側が公園に面しており、公園に散歩

2｜公園側の外観。テラスを設けている

に来た人が立ち寄れるテラス席のあるカフェを計画した。角地を生かして2方向に大きな窓を設け、窓に沿ってオリーブやライラックなどを植えている。カフェの入口は駅からのアプローチとなる南側道路に面して設け、敷地の東側には通所者の入口、厨房サービスは北側にとっている。

平面計画：
フロアごとに機能を分ける

この建物は複数の機能をもつことから、利用者が混乱しないよう、フロアごとに機能を分けた。1階はカフェと通所者用の厨房、2階は生活介護のエリアで、利用者の特性により2つの訓練・作業室に分けている。3階は事務室とコミュニティスペースとした。このコミュニティスペースは、常時は食堂として利用し、災害時には地域住民の避難場所となる。4階は短期入所の部屋と園芸スペースのある訓練・作業室を設けた。

建物全体は北側にエレベーター、階段、トイレなどを並べたわかりやすい配置としている。

就労支援の場としてのカフェ

カフェは主に知的障害のある人が働く場である。カフェの厨房は当初通所者用の厨房と兼用することを検討したが、食材の管理や衛生

面の責任所在の点で難しく、最終的にはカフェ専用の厨房を設置することとなった。

カフェの厨房内は通所者が働きやすい場とするため、作業する人の動線が交わらないよう調理機器の配置を検討した。また、限られた人数の職員が支援を行うことから見通しやすい空間が求められ、厨房内から店内を見渡せるように計画した。

入口正面とレジの背面に飾棚を設けてショップコーナーとし、レジの奥には少人数で利用できるワークカフェを設けた。なお現在は、生活介護事業として利用している。

構造化した作業空間

自発的に行動できるような環境づくりの方法を構造化という。訓練・作業室Aは集団が苦手な人や車椅子の人を想定しており、個別の作業ブースが求められた。横に仕切りを立てて隣の視線を遮断し、机の前に棚を付け決まった手順で材料などを組み立てる。部屋の中にあるリラックスルームは休憩に使う小さな部屋で、内部を濃いブルーで仕上げており、音や視線を遮り気分を落ち着かせる。

訓練・作業室Bはミシンを使った縫製や全員で行う作業に比較的適応できる人が利用する。この部屋にはミシンを使う時にカーテンで仕切れるコーナーや、アコーディオンカーテンで仕切る簡易なリラックスコーナーを設けている。障害者の作業室にはこのような空間を仕切る工夫が必要とされる。

計画のダイアグラム

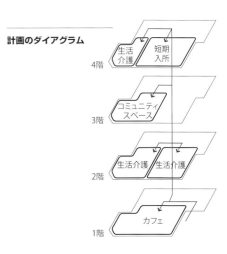

4階平面図 | 1/250

現在は生活介護の訓練・作業室C

安全のため高さ2mの塀で囲っている

生活介護

和室を利用する時の入口

短期入所

家庭的な大きさとしつらえの空間

居室には特注の畳ベッドと机を備えている

会議室　倉庫　EV　廊下　押入　和室　食堂　⑧　屋上園芸スペース　訓練・作業室C（土間）　脱衣室　居室　居室　居室　居室　物干　浴室　くぐり戸　バルコニー

3階平面図 | 1/250

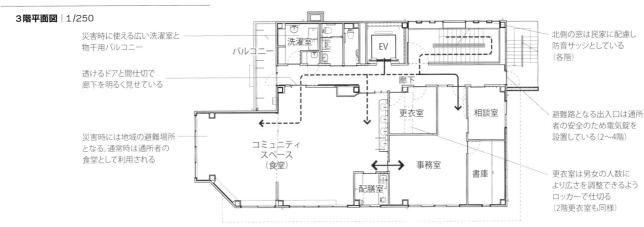

災害時に使える広い洗濯室と物干用バルコニー

透けるドアと間仕切で廊下を明るく見せている

災害時には地域の避難場所となる。通常時は通所者の食堂として利用される

北側の窓は民家に配慮し防音サッシとしている（各階）

避難路となる出入口は通所者の安全のため電気錠を設置している（2〜4階）

更衣室は男女の人数により広さを調整できるようロッカーで仕切る（2階更衣室も同様）

洗濯室　EV　バルコニー　廊下　更衣室　相談室　コミュニティスペース（食堂）　事務室　書庫　配膳室

2階平面図 | 1/250

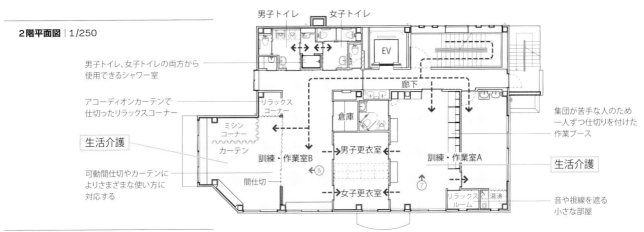

男子トイレ　女子トイレ

男子トイレ、女子トイレの両方から使用できるシャワー室

アコーディオンカーテンで仕切ったリラックスコーナー

生活介護

可動間仕切やカーテンによりさまざまな使い方に対応する

集団が苦手な人のため一人ずつ仕切りを付けた作業ブース

生活介護

音や視線を遮る小さな部屋

EV　リラックスコーナー　ミシンコーナー　カーテン　倉庫　男子更衣室　訓練・作業室A　訓練・作業室B　女子更衣室　リラックスルーム　湯沸　間仕切　廊下　⑥　⑦

配置図兼1階平面図 | 1/250

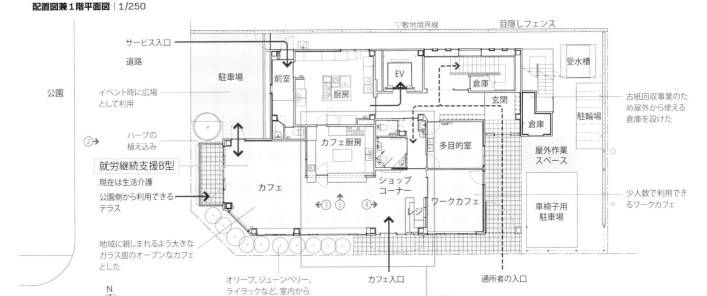

サービス入口

道路

公園

イベント時に広場として利用

ハーブの植え込み

就労継続支援B型

現在は生活介護

公園側から利用できるテラス

地域に親しまれるよう大きなガラス面のオープンなカフェとした

オリーブ、ジューンベリー、ライラックなど、室内から緑を楽しめるよう高木を植えている

▽敷地境界線　目隠しフェンス

受水槽

古紙回収事業のため屋外から使える倉庫を設けた

少人数で利用できるワークカフェ

駐車場　前室　EV　倉庫　厨房　玄関　倉庫　カフェ厨房　多目的室　屋外作業スペース　駐輪場　ショップコーナー　ワークカフェ　車椅子用駐車場　カフェ　レジ　②　③　⑤　④

カフェ入口　通所者の入口　前面道路　次ページ詳細　①　N

障害者が働くカフェの計画

カフェ・カフェ厨房断面図（A-A）| 1/60

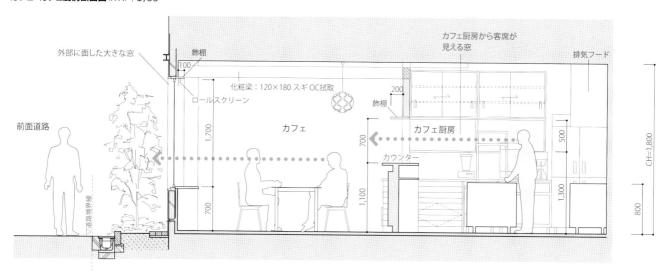

カフェ・カフェ厨房平面図 | 1/60

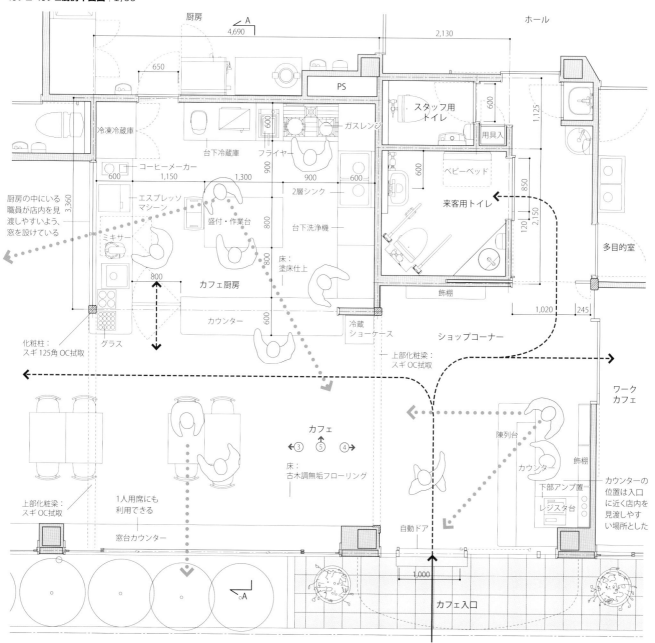

3 ｜ 1階カフェから公園方向を見る。大きな窓面に沿ってオリーブやライラックを植えている

4 ｜ ショップコーナーとレジカウンター

5 ｜ カウンター越しにカフェ厨房を見る

8 ｜ 短期入所の食堂と和室

6 ｜ 2階訓練・作業室B。建具で2つの部屋に仕切ることができる

7 ｜ 2階訓練・作業室A。右手に個別の作業ブースを設けている

解説

子どもの施設

山田あすか｜東京電機大学未来科学部建築学科教授

施設の種別と経緯・変遷

1｜子どもの施設の今

現在のわが国では、深刻な少子化とともに就労や世帯構成の状況などの社会変化に伴う待機児童問題、子育て中の保護者や家庭の孤立の問題などに直面している。このため、子どもの成長・発達環境の保障や、就労と子育ての両立、社会全体で子どもを育てる意識と仕組みの醸成が喫緊の課題であり、2012年には子ども・子育て関連3法が成立、また2016年には児童福祉法が改正された。子ども・子育て関連3法では、従来の保育所・幼稚園に加えて認定こども園（2016年10月創設）の運営を通じた施設型給付、小規模保育等への給付（地域型保育給付）の創設、地域の実情に応じた子ども・子育て支援の充実などが定められた。また改正児童福祉法では、児童の適切な養育や生活の保障、児童が愛され、保護されるなかで心身の健やかな成長・発達と自立が図られることなどが明文化された。同時に、社会における児童の権利、保護者と国および地方公共団体が児童の心身の健やかな育成の責任をもつことが明記された。

2｜子どもの施設の種類と概要

子どもの施設には、児童福祉法などの関連法令に基づいて、子どもの日中預かり、または子どもと保護者に適切な発達刺激や保育・療育・子育て支援を提供することを主な目的とする通所の施設や事業と、何らかの事情で保護者と一緒に暮らせない子どもに生活の場と養護を提供して将来的な自立に向けた養育と支援を行う入所の施設がある。具体的な施設や事業としては、助産施設、乳児院、保育所、放課後児童健全育成事業、児童養護施設や障害児入所施設、障害児通園施設や放課後等デイサービスなどの障害児通所支援、などが該当する。このうち、本書でふれる事例が該当する施設種別の概要、ならびに今後の方向等は以下の通りである。

① 子どもたちが通いで利用する施設

- 保育所：保育を必要とする、0-5歳の子どもを対象に日中に保育を行う。保育所保育指針によって、「生活を通した間接的な保育」が重視されており、環境の果たす役割は大きい。近年では、既存建物の転用によって小規模保育拠点が地域に分散的に立地する傾向がある。また、学齢期の子ども（児童）を対象に放課後等に保育や居場所を提供する、学童保育機能を併設する事例も増えている。

- 放課後等児童デイサービス：障害をもつ児童を対象に放課後や長期休みの期間に療育や居場所を提供する、障害のある子どものための学童保育施設。制度化に伴って急増し、提供する環境や療育の質が問われる時代となっている。

② 子どもたちが入所して利用する施設

保護者のない児童や被虐待児など、保護者の元での生活が困難な子どもの生活施設として、子どもに安心・安全で適切な支援や社会的養育を受けられる場を提供する児童福祉施設や福祉事業を社会的養護と呼ぶ。ここ30年の統計では支援対象児は増加傾向にあり、特に直近では虐待事例が40%程度を占める。

- 乳児院：1歳未満の乳児から、必要に応じて就学前の子どもを養育する、子どもの生活施設。近年では、本人の障害や保護者の精神疾患などを理由とする入所の比率が高い。

- 児童養護施設：原則として1歳以上の児童を入所させて養育する、子どもの生活施設。生活の場としての質を重んじ、小規模生活単位（ユニット）化など、より家庭的な環境での療育が目指されている。厚生労働省統計によれば、児童養護施設に入所している子どものうち、約6割は被虐待児である。また、入所児の28.5%がなんらかの障害を有している。このため、被保護児童の心と身体のケアや、発達特性や障害に応じた療育など、専門性の高い支援が求められる。一方、改正児童福祉法では、原則就学前の施設入所措置の廃止や、里親委託への移行による児童養護施設の機能転換が示されている。現在は地域の受け入れ先が不十分であるものの、里親制度やファミリーホームなど、小規模・分散化や地域密着型の養護の環境へと移行が進んでいる。

課題

保育施設においては、子育て支援、保育、幼児教育の機能を一体的に提供するこども園化の流れのなかで、保育施設か幼稚園かという「制度の差」ではなく、実質的な環境と保育内容によって選ばれる環境づくりが求められるようになっている。都市部では待機児童問題があるが、地方では少子化が進んでおり、競争的関係性のなかではどうしても保護者の利便性が重視されがちである。しかし、それにまして保育の質の向上を目指す必要がある。

他方、障害や早期療育の有効性に対する認知の広がりや医療の発達等により、なんらかの障害を有する児童の数が増加している。低年齢児からの適切な療育的かかわりは、児童の社会への適応性や健やかな発達、QOLの向上支援が期待できるため、障害児の通園・療育施設の拡充も図られている。同時に、ノーマライゼーション、インテグレーション（統合）教育、インクルーシブ（包摂）ケアなどをキーワードに、専門的な療育の場を隔離せず、障害の有無によらず保育や教育の場を共有する取り組みも進んでいる。また、福祉の現場では全般的に人手不足が深刻化しており、働き手の負担感を減じ、満足度を上げて離職率を下げるためにも「働く場」としての環境配慮も求められる。

今後の展望

超少子化のなかで、就労と子育ての両立や、人権の保護を推進していくため、子ども施設は保護者にとっての子育て支援の役割と、子ども自身の権利としての保育・療育と生活の支援の役割を担う。たとえば障害をもつ子どもがいても、保護者が就労できるよう、現在は比較的短く設定されている保育時間の長時間化や保護者分離での通園、重度児の保育・療育の場の拡充が求められる。

また、こども施設を含め公共施設は全般として、小規模・分散・地域密着の流れのなかで地域に開かれた場として地域コミュニティとのかかわりを強化する方向にある。まちのなかで暮らし、人々との関係性のなかで守られ、育つことは子どもの権利である。これからの子ども施設は、子ども、保護者、職員、まちの人の多角的視点によって整えられ、守られていく必要がある。

掲載事例の総評

2-1 豊里学園（入所、障害児）

知的障害をもつ子どもの生活の場である。障害特性やその時々の状態など個別的ケアの必要性が高い子どもが対象であることから、コンパクトな設計で、グループの区切りや連携を建具でコントロールできるようにつくられている。

2-2 はばたき（入所、障害児）

児童養護施設を卒業後の子どもの自立を支援する、地域生活移行のための暮らしの場である。居間と食堂は分節されており居合わせの距離の調整ができる。玄関から各居室へのアプローチにおいて職員による適度な見守りが可能な居室配置である。

2-3 こどもデイケアいずみ（通所、障害児）

通所型の療育施設である。雁行配置された療育室と遊戯室が隣接し、テラス型と玄関型の両方のアプローチをもつ。療育室と遊戯室の間に物入やトイレを置いていることで、出入口まわりがワンクッションの空間となり、大（遊戯室）－小（出入口まわりの半アルコーブ的空間）－中（療育室）の空間構成が現出している。この配置が「手がかりのある空間」として保育者による、子どもの特性に応じた空間カスタマイズ（環境づくり）を引き出している。

2-4 まめべや（通所、障害児）

既存建物の空きテナント利用による放課後等デイサービスである。部屋の対角線を意識させつつ、諸空間に屋根を掛けて一室の中に置くことで広く感じさせている。内装には自然素材を採用し、部屋全体がスヌーズレンスペースに

なるなど、小ささを生かしたデザインである。

2-5 あおぞら（入所）

子どもの自立と自律やプライバシー性、人間関係づくりと距離感の体験をより重視し、中庭を交流空間として共有しつつ、生活単位の小規模化（ユニット化）が明確に行われている。居間・食堂の開口が明るくとられ、開放的な印象である。またスタッフの相互協力のしやすさに配慮がなされ、裏動線でつながりながら中庭を囲む配置がつくられている。

2-6 生駒学園（入所）

居室定員（1人部屋、2人部屋、4人部屋）やユニット内の食堂と居室の関係が、ユニットに暮らす子どもの年齢に応じてそれぞれ特徴をもたせて設計されており、子どもにとってなじみや愛着がもてる。

2-7 奈佐原寮（入所）

分棟型の児童養護施設。くさび形の敷地の形状を生かし、町並みのような景観をつくっている。居室はいずれも居室の入口が直接には居間・食堂に面しない廊下型で、たまりの場と居室の距離感が保たれている。

2-8 和泉乳児院・和泉幼児院（入所）

0歳からの子どもの生活の場である。乳児室におけるスタッフからの見守りと感染管理を両立させる、ガラス戸で田の字プランのように仕切られていく空間構成が特徴的な事例である。

2-9 すみれ乳児院（入所）

奥行きのある敷地のほぼ中央に中庭を設け、これを囲むコの字形に建物を配置している。くびれの部分に縦動線を設けることで動線を明快にし、居室空間の居住性を高めている。

2-10 菜の花保育所（通所）

ひとつながりの空間の中での分節的利用が指向されている。保育室は水回りの空間と園庭に挟まれ、安定的なコーナー設置はしにくいものの、ホールを兼ねる伸びやかな広がりが印象的である。夜間保育室が端部に設けられ、保育に利用する面積の調整がしやすい。

総じて、スタッフからの見守りのしやすさ、障害の有無や程度・種別に応じた空間づくりのバランスが丁寧に計画されている。また、生活の場としての「らしさ」と質が緻密な意匠設計によって実現されている事例群である。

2-1

障害特性や自立度に応じたゆるやかなユニット形式

豊里学園

DATA｜名称：豊里学園／種別：福祉型障害児入所施設／定員：80名（現70名＋短期入所5名）／所在地：大阪府大阪市旭区／
建築主：社会福祉法人 大阪福祉事業財団／敷地面積：2,637m²／建築面積：1,095m²／延床面積：2,373m²／
構造：鉄筋コンクリート造／階数：地上3階／工期：2010年10月−2012年3月

1｜木と空洞レンガを組み合わせシンプルさと温かさを表す。ベランダは外部との緩衝空間となる

計画概要

定員80名の知的障害児入所施設の建替え事例である。既存建物を使いながら園庭に新しい建物を計画した。当時、障害児の入所施設では少人数のユニット形式はほとんどなかったが、子ども1人ひとりの障害特性や自立度に応じたケアを行うことで子どもの発達を支援することを目指した。

配置計画：
子どもの生活動線を中心に据える

入所は5歳から20歳までで、ほとんどが学校へ通うことから、子どもの生活動線を中心に建物を計画した。園庭側に設けた子どもの入口は送迎バスの乗降と徒歩での通学に対応できる広さを確保、雨にぬれずにバスに乗ることができる。朝の混雑を避けるため、下足室はユニットごとにコーナーを分けている。2階の幼

2｜2階の幼児ユニットへは園庭から直接出入りする

児ユニットは園庭から直接アプローチできる専用玄関を設け、大きい子どもと動線を分けた。

平面計画：ゆるやかなユニット形式

1階は子どもたちが太鼓の練習などに使う訓練室や自活訓練室がある。中央には地域の人も利用できる交流ホールを設けて開かれた施設となることを目指した。

2、3階は子どもの居住空間である。2階は女子A・Bと幼児、3階は男子A・Bと個別ケアのユニットに分かれる。ユニットAとBは食堂と浴室を共有しており、ユニットが完全に独立せず共有空間をもつことでゆるやかにつながり、子どもたちが交流を図れるよう意図した。

障害特性や自立度に応じた生活空間

小学低学年までを想定した幼児ユニットは、職員による見守りができる対面式キッチンのある居間・食堂を設けた。居室は和室の4人部屋とし、専用の浴室と幼児用トイレを備えている。

2、3階のユニットBは小学生から中学生を想定し、トイレは職員の管理が可能なよう1カ所にまとめた。ユニットAはより自立度が高い子どもを想定し、台所の設備を設けて自分たちでお菓子作りなどができるようにしている。ま

た、自分たちで使える洗濯室を設け、一般家庭と同じトイレを分散配置している。比較的重度で個別ケアが必要な子どものユニットは、定員8名の小集団で全室個室とし、ユニット内で食事ができるスペースを確保している。

快適性を確保するための工夫

子どもの生活空間は、床や家具にヒノキの集成材を用い、壁は腰板を張り木質の温かさと強度をもたせている。個別ケアユニットの居室は失禁などに対応するため床をビニルシートで立ち上げ、壁は高さ1,600mmまでを不燃メラミン化粧板張りとした。建具は乱暴に扱われることから頑丈な金属製建具を希望されるが、子どもが怪我をしないことと、職員が修繕できるという視点から木製建具を選定した。便器に物を詰めることも多く、スタッフが容易に対応できるよう掃除口付き便器を採用、さらに便器の下に汚水配管ピットを設けて異物を取り除きやすい構造とした。安全のために窓ガラスには強化ガラスまたはポリカーボネートを使用し、トップライトの上部には落下防止の格子を設けた。また、共用廊下のステンドグラスや下足室のモザイクタイルの壁面など、楽しさを加えることを心がけた。

1階平面図 | 1/500

3階平面図 | 1/500

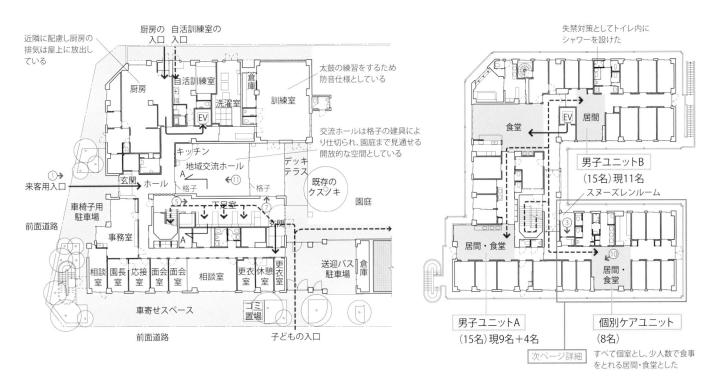

近隣に配慮し厨房の排気は屋上に放出している

厨房の入口　自活訓練室の入口

太鼓の練習をするため防音仕様としている

来客用入口

交流ホールは格子の建具により仕切られ、園庭まで見通せる開放的な空間としている

前面道路

厨房

自活訓練室

倉庫

洗濯室

訓練室

EV

キッチン

地域交流ホール

デッキテラス

既存のクスノキ

園庭

玄関

ホール

A

格子

格子

足室

車椅子用駐車場

事務室

A

閉

送迎バス駐車場

倉庫

相談室

園長室

応接室

面会室

面会室

相談室

更衣室

休憩室

更衣室

ゴミ置場

車寄せスペース

前面道路

子どもの入口

失禁対策としてトイレ内にシャワーを設けた

食堂

EV

居間

男子ユニットB
（15名）現11名

スヌーズレンルーム

居間・食堂

居間・食堂

男子ユニットA
（15名）現9名＋4名

個別ケアユニット
（8名）

すべて個室とし、少人数で食事をとれる居間・食堂とした

次ページ詳細

2階平面図 | 1/300

計画のダイアグラム

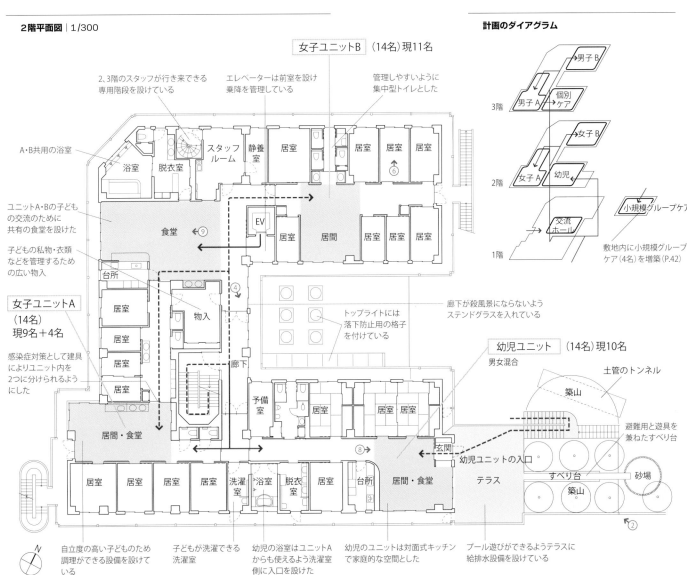

女子ユニットB　（14名）現11名

2、3階のスタッフが行き来できる専用階段を設けている

エレベーターは前室を設け乗降を管理している

管理しやすいように集中型トイレとした

A・B共用の浴室

浴室

脱衣室

スタッフルーム

静養室

居室

居室

居室

居室

ユニットA・Bの子どもの交流のために共有の食堂を設けた

食堂

EV

居室

居間

居室

居室

居室

子どもの私物・衣類などを管理するための広い物入

台所

物入

女子ユニットA
（14名）
現9名＋4名

感染症対策として建具によりユニット内を2つに分けられるようにした

居室

居室

居室

居室

廊下

居間・食堂

予備室

居室

居室

居室

廊下が殺風景にならないようステンドグラスを入れている

トップライトには落下防止用の格子を付けている

幼児ユニット　（14名）現10名

男女混合

土管のトンネル

築山

避難用と遊具を兼ねたすべり台

玄関

幼児ユニットの入口

すべり台

砂場

築山

居室

居室

居室

居室

洗濯室

浴室

脱衣室

居室

台所

居間・食堂

テラス

自立度の高い子どものため調理ができる設備を設けている

子どもが洗濯できる洗濯室

幼児の浴室はユニットAからも使えるよう洗濯室側に入口を設けた

幼児のユニットは対面式キッチンで家庭的な空間とした

プール遊びができるようテラスに給排水設備を設けている

男子 B

男子 A

個別ケア

3階

女子 B

女子 A

幼児

2階

交流ホール

1階

小規模グループケア

敷地内に小規模グループケア（4名）を増築（P.42）

N

個別ケアを必要とする子どものユニット

3階個別ケアユニット
平面図
1/120

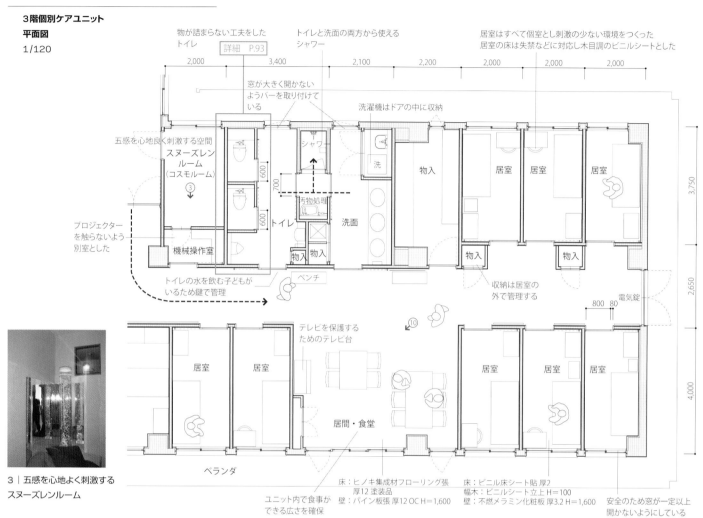

物が詰まらない工夫をした
トイレ

詳細　P.93

トイレと洗面の両方から使える
シャワー

居室はすべて個室とし刺激の少ない環境をつくった
居室の床は失禁などに対応し木目調のビニルシートとした

窓が大きく開かない
ようバーを取り付けて
いる

洗濯機はドアの中に収納

五感を心地良く刺激する空間
スヌーズレン
ルーム
（コスモルーム）
③

シャワー

洗

物入

居室　居室　　居室

プロジェクター
を触らないよう
別室とした

機械操作室

汚物処理

トイレ

洗面

居室　居室　　居室

物入　物入

トイレの水を飲む子どもが
いるため鍵で管理

ベンチ

物入　　物入

収納は居室の
外で管理する

電気錠

800　80

⑩

テレビを保護する
ためのテレビ台

居室　居室

居室　居室　居室

居間・食堂

ベランダ

ユニット内で食事が
できる広さを確保

床：ヒノキ集成材フローリング張
厚12 塗装品
壁：パイン板張 厚12 OC H=1,600

床：ビニル床シート貼 厚2
幅木：ビニルシート立上 H=100
壁：不燃メラミン化粧板 厚3.2 H=1,600

安全のため窓が一定以上
開かないようにしている

2,000　　3,400　　　2,100　　2,200　　2,000　　2,000　　2,000

3,750
2,650
4,000

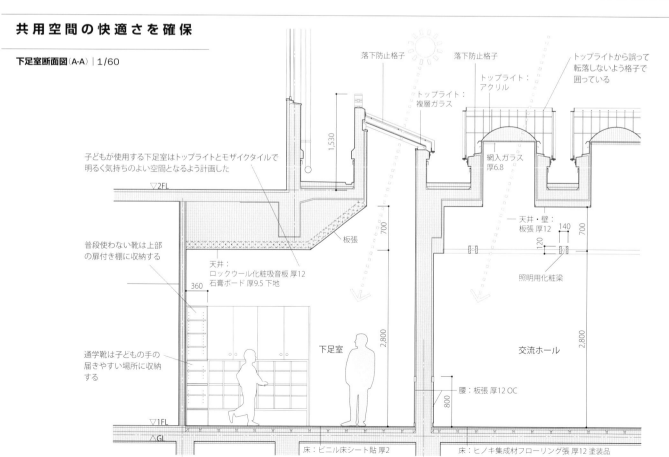

3｜五感を心地よく刺激する
スヌーズレンルーム

共用空間の快適さを確保

下足室断面図（A-A）｜1/60

落下防止格子

落下防止格子

トップライトから誤って
転落しないよう格子で
囲っている

トップライト：
アクリル

トップライト：
複層ガラス

子どもが使用する下足室はトップライトとモザイクタイルで
明るく気持ちのよい空間となるよう計画した

網入ガラス
厚6.8

▽2FL

1,530

700

板張

天井・壁：
板張 厚12

140
120

700

普段使わない靴は上部
の扉付き棚に収納する

天井：
ロックウール化粧吸音板 厚12
石膏ボード 厚9.5 下地

360

照明用化粧梁

通学靴は子どもの手の
届きやすい場所に収納
する

下足室

2,800

交流ホール

2,800

腰：板張 厚12 OC

▽1FL

800

▽GL

床：ビニル床シート貼 厚2

床：ヒノキ集成材フローリング張 厚12 塗装品

4 ｜ 殺風景になりがちな廊下の窓にステンドグラスを入れている

5 ｜ 下足室のトップライト

6 ｜ 女子ユニットBの居室（1人部屋）

7 ｜ 子どもの玄関と下足室はトップライトとモザイクタイルで木漏れ日を表した

8 ｜ 2階幼児ユニットの居間・食堂。専用玄関を設けている

9 ｜ 2階共用食堂。2つのユニットの子どもが利用し交流を図る

10 ｜ 3階個別ケアユニットの居間・食堂

11 ｜ 地域交流ホールから来客用玄関を見る

2-2

入所児童の自立を後方から見守り支援する

はばたき

DATA｜名称：豊里学園はばたき／種別：福祉型障害児入所施設 小規模グループケア／定員：4名／所在地：大阪市旭区／建築主：社会福祉法人大阪福祉事業財団／敷地面積：2,369.79㎡／建築面積：69.17㎡／延床面積：123.42㎡／構造：木造／階数：地上2階／工期：2016年2月−6月

1｜北側外観。中央の赤い庇は2階の入口を示す

2｜2階居室から食堂を見る。左手は玄関扉と下足箱

3｜2階の共用空間。階段を挟んで居間と食堂・台所

4｜1階居室。左は玄関と収納、右手奥は共用空間への扉

計画概要

福祉型障害児入所施設「豊里学園」の敷地内に定員4名の小規模グループケアを増築した。高等部卒業前から就職したばかりの20歳までの女子が、職員の支援を受けながら生活する。

平面計画：自立を見守り支援する

建物は木造2階建てで、1、2階に居室が各2室あり、1階の居室は自立度の高い子どものために自炊ができるミニキッチンを備えている。共用空間として1階にトイレ、浴室、洗面、2階に居間、食堂、台所がある。各玄関から居室に入り、それぞれの居室から共用空間に出て行くという、子どもの自立を後方から見守り支援する平面計画とした。

福祉施設対応として、車椅子用のアプローチと簡易タイプの車椅子トイレ、水道直結型スプリンクラーと自動火災報知設備を備えている。障害児の入所施設を退所後、1人暮らしを選択する場合もあるが、急激な生活環境の変化に対応できずトラブルに巻き込まれることも多い。ここでは子どもたちは職員の支援を受けながら、社会とのかかわりや自立生活に伴う義務や危険性について学んでいく。地域の中で暮らしながら自分の生活を組み立てていく練習の場である。

配置図｜1/800

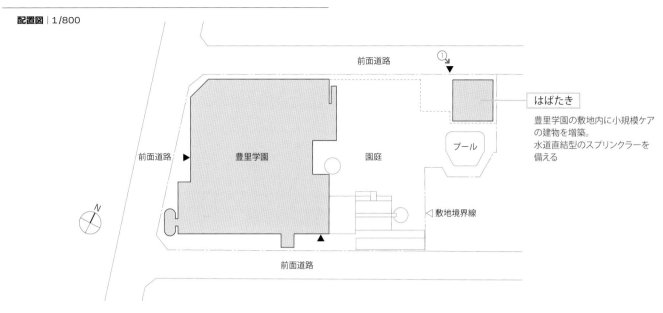

前面道路

①

はばたき

豊里学園の敷地内に小規模ケアの建物を増築。
水道直結型のスプリンクラーを備える

前面道路

豊里学園

園庭

プール

◁ 敷地境界線

N

前面道路

2階平面図｜1/150

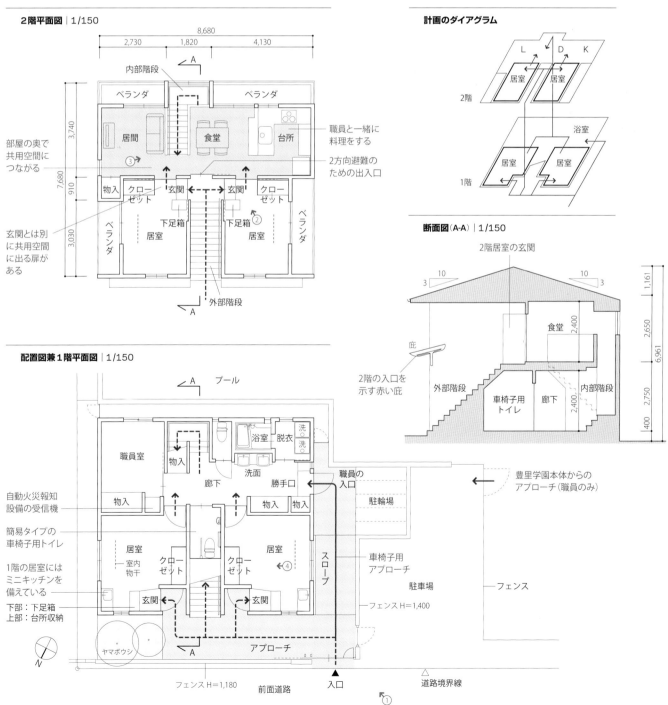

8,680
2,730　1,820　4,130

内部階段

A

ベランダ　ベランダ

居間　食堂　台所

職員と一緒に料理をする

部屋の奥で共用空間につながる

3,740

③

2方向避難のための出入口

7,680
910

物入　クローゼット　玄関　玄関　クローゼット

下足箱　下足箱　②

ベランダ　居室　居室　ベランダ

玄関とは別に共用空間に出る扉がある

3,030

外部階段

A

計画のダイアグラム

L　D　K

居室　居室

2階

浴室

居室　居室

1階

断面図（A-A）｜1/150

2階居室の玄関

10　10
3　3

庇

食堂

2,400

2,650
6,961
1,161

2階の入口を示す赤い庇

外部階段　車椅子用トイレ　廊下　内部階段
2,400

2,750

400

配置図兼1階平面図｜1/150

A　プール

自動火災報知設備の受信機

簡易タイプの車椅子用トイレ

1階の居室にはミニキッチンを備えている

下部：下足箱
上部：台所収納

職員室　物入　浴室　脱衣　洗

物入　廊下　洗面　勝手口

職員の入口

駐輪場

物入　物入　物入

居室　室内物干　クローゼット　クローゼット　居室　④　スロープ

玄関　玄関

フェンス H＝1,400

車椅子用アプローチ

車椅子用アプローチ

駐車場

フェンス

豊里学園本体からのアプローチ（職員のみ）

A

ヤマボウシ

N

フェンス H＝1,180　前面道路　入口　道路境界線

①

2-3

さまざまな障害特性をもつ子どものケアに対応する

こどもデイケア いずみ

DATA｜名称：こどもデイケアいずみ／種別：児童発達支援センター（医療型含む）／定員：50名（現40名）／
所在地：大阪府貝塚市／建築主：社会福祉法人 三ケ山学園／敷地面積：3,401㎡／建築面積：654㎡／延床面積：1,246㎡／
構造：鉄筋コンクリート造／階数：地上3階／工期：2000年9月‒2001年2月

1｜南側外観。小さな家のように見える独立屋根の療育室　　　　　2｜雁行する屋根は軒を低く抑えている

計画概要

児童養護施設とケアハウスを運営する社会福祉法人が、敷地の一画に就学前の障害児の通園施設（現児童発達支援センター）と高齢者のデイサービスセンターを計画した。在宅の知的障害児・発達障害児と肢体不自由児に対し専門的な療育などを供給する施設であり、診療所を併設している。

配置計画：
雁行型に並ぶ独立屋根の家

5つの療育室を雁行型に配置し、園庭からそれぞれの部屋に入る。療育室は軒高を抑えた独立屋根により構成し、通ってくる子どもがもう1つの自分の家として親しみを感じられるよう計画した。
雨天時の入口として、ピロティの下に玄関を設け、送迎車から雨にぬれずに建物に入れるようにしている。

平面計画：
各療育室と遊戯室を直接つなぐ

1階に療育室と遊戯室、2階に訓練室、静養室、相談室、診療所および高齢者の介護者教育室などを設け、3階を高齢者のデイサービスとしている。
個別に支援を行う家庭的な療育室と、大型遊具を使って身体を動かせる広い遊戯室を計画し、各療育室と遊戯室を直接つなぐことにより、移動しやすく見守りやすいプランとした。
療育室と療育室の間には両側から使うトイレと物入れを設けており、この部分を介することで職員の移動が素早く行える。また、ほかの子どもから影響を受けにくい敷地奥の療育室を医療型としている。

光や色彩により感覚を刺激する

知的や発達に障害のある子どもや身体が思うように動かない子どもには、感性に語りかける空間や、わずかに向きを変えることで変化を感じられる空間が求められるとの考えから、光や色彩により感覚を刺激する空間となるよう工夫した。
遊戯室のトップライトからの光を受ける壁を淡いブルーで塗装し、時間や天候により異なる光が部屋を満たすよう計画した。また、子ども

の居場所となる小さな家や、丸窓のある食事コーナーなど、変化を楽しめる場所をつくった。療育室は南側の庇を深くして直射日光を遮り、吹抜けのハイサイド窓から北向きの静かな光を取り入れている。また、落ち着ける空間となるよう天井を低くしたコーナーをつくった。
2階の静養室は、ウォーターベッドやバブルユニットなどの機器を設置し、スヌーズレンルームとして使用できるよう計画した。

安全の確保

突発的な動きによる怪我などから子どもの安全を確保するため、部屋の窓やドアはポリカーボネートや強化ガラスを使用し、療育室と2階の訓練室の床はコルクフェルト下地の上にコルクタイル貼りとした。
手の触れるところは木やレンガなどの温かな感触の素材を選定し、出隅部分は面取りをしている。療育室の出入口は引戸とし、戸の向こうに寝転ぶ子どもが見えるよう腰板を透かしたデザインとした。玄関の受付カウンターの下には子ども用の窓を設け、子どもの目線で空間をとらえるよう考えた。

2階平面図 │ 1/250

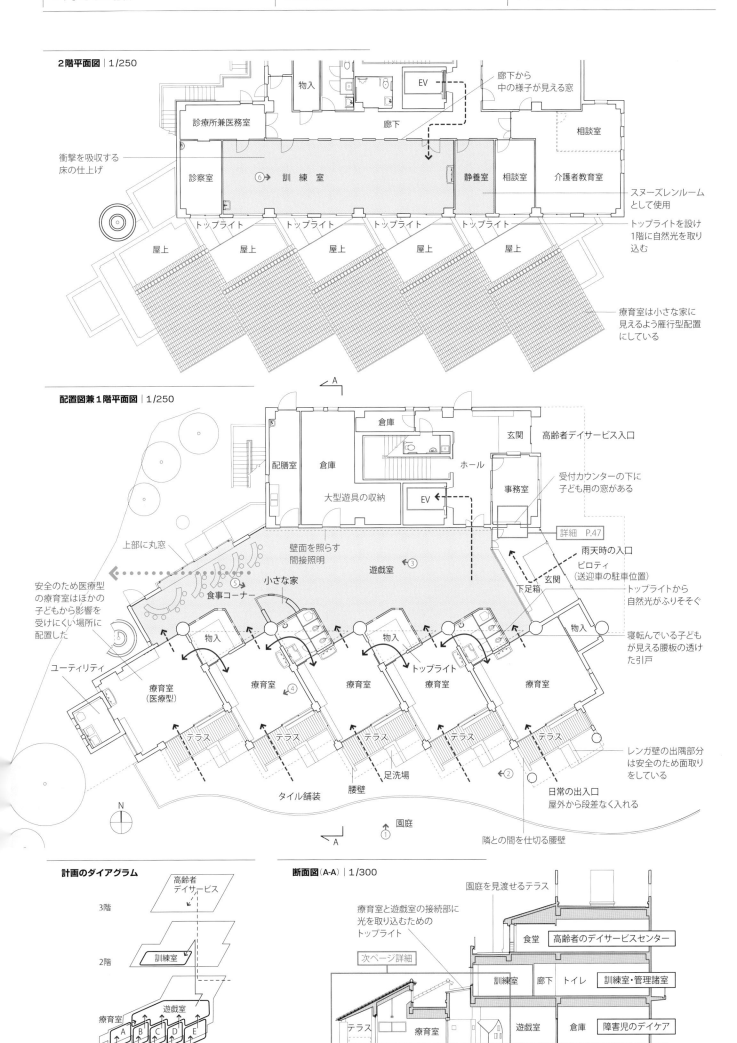

衝撃を吸収する
床の仕上げ

物入

EV

廊下から
中の様子が見える窓

診療所兼医務室

廊下

相談室

診察室　⑥　訓　練　室

静養室　相談室　介護者教育室

スヌーズレンルーム
として使用

トップライト　トップライト　トップライト　トップライト

トップライトを設け
1階に自然光を取り
込む

屋上　屋上　屋上　屋上　屋上

療育室は小さな家に
見えるよう雁行型配置
にしている

配置図兼1階平面図 │ 1/250

A

倉庫

玄関　高齢者デイサービス入口

配膳室　倉庫

ホール

大型遊具の収納

EV

事務室

受付カウンターの下に
子ども用の窓がある

詳細　P.47

上部に丸窓

壁面を照らす
間接照明

遊戯室　←③

雨天時の入口

ピロティ
（送迎車の駐車位置）

⑤→　小さな家

玄関

下足箱

トップライトから
自然光がふりそそぐ

安全のため医療型
の療育室はほかの
子どもから影響を
受けにくい場所に
配置した

食事コーナー

物入

物入

トップライト

物入

寝転んでいる子ども
が見える腰板の透け
た引戸

ユーティリティ

療育室
（医療型）

療育室
④

療育室

療育室

療育室

テラス　テラス　テラス　テラス　テラス

レンガ壁の出隅部分
は安全のため面取り
をしている

N

タイル舗装

腰壁

足洗場

日常の出入口
屋外から段差なく入れる

A

園庭
①

隣との間を仕切る腰壁

計画のダイアグラム

高齢者
デイサービス

3階

2階　訓練室

療育室　遊戯室

1階　A　B　C　D　E

断面図（A-A） │ 1/300

園庭を見渡せるテラス

療育室と遊戯室の接続部に
光を取り込むための
トップライト

食堂　高齢者のデイサービスセンター

次ページ詳細

訓練室　廊下　トイレ　訓練室・管理諸室

テラス　療育室　遊戯室　倉庫　障害児のデイケア

光や色彩により感覚を刺激する空間

断面詳細図（A-A）
1/50

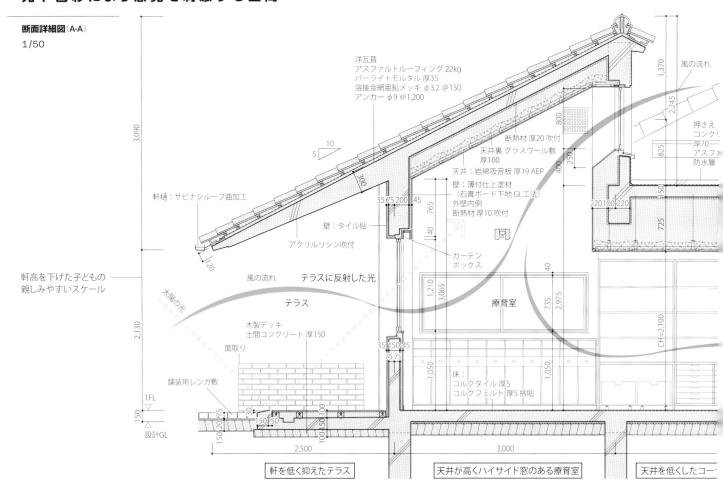

洋瓦葺
アスファルトルーフィング 22kg
パーライトモルタル 厚35
溶接金網亜鉛メッキ φ3.2 @150
アンカー φ9 @1,200

断熱材 厚20 吹付
天井裏 グラスウール敷 厚100
天井：岩綿吸音板 厚19 AEP
壁：薄付仕上塗材
（石膏ボード下地 GL工法）
外壁内側
断熱材 厚10 吹付

風の流れ

押さえ
コンクリ
厚70
アスファ
防水層

軒樋：サビナシルーフ曲加工

壁：タイル貼
アクリルリシン吹付

カーテン
ボックス

軒高を下げた子どもの
親しみやすいスケール

太陽の光

風の流れ　テラスに反射した光

テラス

療育室

木製デッキ
土間コンクリート 厚150
面取り

舗装用レンガ敷

床：
コルクタイル 厚5
コルクフェルト 厚5 捨貼

1FL
150
設計GL

2,500

3,000

軒を低く抑えたテラス　　天井が高くハイサイド窓のある療育室　　天井を低くしたコー

3｜玄関側から遊戯室を見る。奥は丸窓のある食事コーナー。トップライトからの光が壁に反射し空間全体を多様に変化させる

トップライトの光を受ける壁に
淡いブルーの色をつけている

トップライト
（複層ガラス）

訓練室

腰板：
ベイマツ 厚10 CL
H＝1,050

床：
コルクタイル 厚5
コルクフェルト 厚5 捨貼

2FL

物入とトイレブースの天井も
トップライトから採光している

ナラ寄木 厚35
OP拭取 CL

遊戯室

1,225
180 30
370 100 180 50

付 厚20 吹付
スウール敷 厚100

子どもが寝転がっていても見える
腰板を透かした引戸

壁：板張 OP

床：フローリング 厚13

板張 OP

トップライトのある遊戯室

子どものスケールに配慮した高さ計画

受付詳細図 | 1/50

玄関の受付カウンターの下には、子どもの
目線の高さに窓を設けている

事務室　玄関

カウンター：
ナラ寄木 厚40 UCL

FIX

ガラス
厚4 フィルム貼

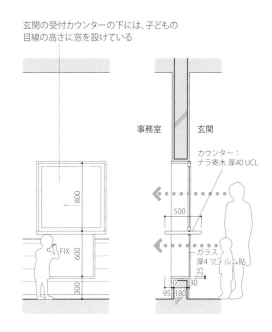

4 | 園庭から直接入る療育室は北向きのハイサイド窓から静かな光が入る。
部屋の半分は天井高を低く抑えて落ち着ける空間をつくっている

5 | 遊戯室から療育室内を見る。左は子どもの居場所となる小さな家

6 | 2階訓練室。床はコルクフェルト下地の上にコルクタイル貼り

2-4

光と色彩で感覚を刺激する児童デイサービス

まめべや

DATA｜名称：まめべや／種別：障害児通所支援事業所（児童発達支援、放課後等デイサービス）／定員：1日10名／所在地：大阪府箕面市／建築主：株式会社まめっと／施工床面積：69.6m²／構造：鉄筋コンクリート造／階数：地上5階の2階部分／工期：2012年10月－11月

1｜南側の窓に面した指導訓練室。木製ルーバーにより天井面の一部を低くしている

2｜小さな家を模した相談室

計画概要

重度の身体障害児をもつ2人の母親が株式会社を立ち上げ、ビルの1室を改修して障害児通所支援事業所を開設した。放課後等デイサービスの指定も受け、午前中は未就学児への発達支援を行い、午後は小学校から高等部までの障害児の放課後の居場所としている。事務所ビルから児童福祉施設への用途変更のため、消防の指導により共用廊下に音声点滅信号装置付誘導灯を設置した。

平面計画：
小さな家が集まる

計画にあたり、指導訓練室、相談室、車椅子用トイレのほか、スタッフの更衣室、事務を行う場所が必要とされた。約20坪のスペースにこれらを入れることと、小さくても子どもが通って来たくなるような魅力的な空間にすることを考えた。

外部廊下に面した玄関には赤い勾配屋根を掛け、飾り窓を設けた。玄関ホールは淡いブルーに塗装した三角天井で包み込むように子どもを迎え入れる。南側の窓に面して指導訓練室をとり、パイプスペースのまわりにトイレ

やユーティリティの水回りを配置した。プライバシーへの配慮が要求される相談室は小さな家を模して訓練室の中に置いた。これらの部屋に屋根を付けて、3つの小さな家が見える公園のような空間とした。

感覚を刺激する仕掛け

指導訓練室は天井高さが3mを超える開放的な空間である。子どもが寝転ぶ場所は梁下に木製ルーバーを取り付けて高さ2.5mの天井面をつくり、空調機はこの中に納めている。

ハンモックは感覚を統合する装置として障害児の療育に人気があることから本施設で取り入れることとした。ハンモックを吊る金具は柱と梁の躯体部分に堅牢に取り付けている。部屋の隅の2方に鏡を貼ってバブルユニットを設置し、カーテンで囲ったスヌーズレンコーナーをつくった。また、市販のミラーボールとスポットライトを取り付け、光が部屋全体をゆっくり回転するように設定した。これらの色彩や光の仕掛けにより、部屋全体が感覚を心地よく刺激する空間となっている。

3｜木製ルーバーの天井。ハンモック用の金具はコンクリートの梁に直接取り付けている

4｜2方に鏡を貼ってバブルユニットの光を増幅させるスヌーズレンコーナー

断面図（A-A）｜1/80

落ち着いた空間にするため、木製ルーバーを取り付け
天井高さを低く見せている

天井はコンクリート面を白く塗り、光を当てて
開放感をもたせている

アッパーライトで淡いブルーの
天井を照らす

コンクリート面下地補修の上 AEP　　　天井カセット型空調機

排気ファン

外部廊下に面した
赤い屋根

木製ルーバー
90×90

ミラーボール

相談室

ユーティリティ

玄関ホール

既存シャッター

1,250

1,850

腰板張
シナ合板 厚6 CL

600

流し台

3,195
2,500

床：
フローリング 厚12
床暖房シート
ラワン合板 厚9
スタイロフォーム 厚20
セルフレベリング材 厚14

板張

アッパーライト取付け詳細図｜1/10

ボルト
φ9

照明
器具

115
20 | 75 | 20
88
20 | 50 | 70

600

木製枠

ペンダント

平面図｜1/80

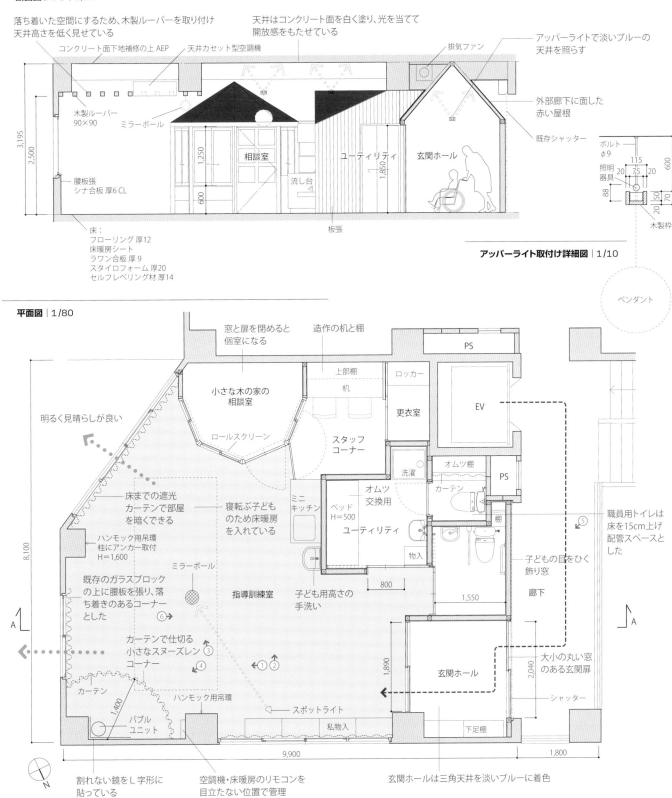

窓と扉を閉めると
個室になる

造作の机と棚

PS

小さな木の家の
相談室

上部棚
机

ロッカー

更衣室

EV

明るく見晴らしが良い

ロールスクリーン

スタッフ
コーナー

洗濯

オムツ棚

PS

床までの遮光
カーテンで部屋
を暗くできる

寝転ぶ子ども
のため床暖房
を入れている

ミニ
キッチン

ベッド
H=500

オムツ
交換用

カーテン

ハンモック用環
柱にアンカー取付
H=1,600

ミラーボール

ユーティリティ

棚

職員用トイレは
床を15cm上げ
配管スペースと
した

既存のガラスブロック
の上に腰板を張り、落
ち着きのあるコーナー
とした

指導訓練室

子ども用高さの
手洗い

物入

子どもの目をひく
飾り窓

8,100

6

⑤

廊下

カーテンで仕切る
小さなスヌーズレン
コーナー

③

800

1,550

① ②

大小の丸い窓
のある玄関扉

A

④

1,890

2,040

A

カーテン

1,400

ハンモック用吊環

玄関ホール

シャッター

バブル
ユニット

スポットライト

私物入

下足棚

N

9,900

1,800

割れない鏡をL字形に
貼っている

空調機・床暖房のリモコンを
目立たない位置で管理

玄関ホールは三角天井を淡いブルーに着色

5｜廊下には飾り窓用の枠を取り付けている

6｜玄関ホールの赤い勾配屋根。黄色い梁はアッパーライトを取り付けている

2-5

中庭とカフェによりユニット化の課題に応える

あおぞら　　　DATA｜名称：あおぞら／種別：児童養護施設／定員：66名（現56名＋地域小規模児童養護施設6名×2）／
所在地：大阪府岸和田市／建築主：社会福祉法人阪南福祉事業会／敷地面積：2,063m²／建築面積：1,068m²／
延床面積：1,978m²／構造：RC造／階数：地上2階／工期：2007年6月−2008年3月

1｜屋根と庇で家らしさを表す

計画概要

定員170名の児童養護施設の一部建替えに
あたり、近隣に定員66名の新たな施設を建
設した。大舎から小舎ユニット制への移行に
より、ユニットに分かれて暮らす子どもたちの
様子を全職員がいかに把握し共有するか、ま
たばらばらに働く職員のコミュニケーションを
いかに担保するかという課題に対し、中庭とカ
フェを計画することで解決を試みた。

配置計画：中庭を通過動線とし
居場所をしつらえる

建物は中庭を囲んだコの字形とし、門の近く
に事務棟を配置、庭に面して各ユニットの入
口、地域交流ホール、厨房の配膳室を設けた。
登下校の子ども、厨房から食事を運ぶ子ども
や職員が中庭を行き来する。また、低い塀で
隔てた幼児の庭、交流ホール前のピロティ、ユ
ニット玄関前のベンチなど複数の居場所を設
けることで、子どもと職員の自然なふれあい
が生まれることを意図した。
心理療法室は日常生活の場と分けるため、専
用の門から入る。保護者や里親らとの交流を
もつ場としての親子生活訓練室は独立した
生活ができるよう専用の入口を設けている。

平面計画：
独立したユニットと支援動線

1階には高校生を対象とした全室個室の自活
ユニットと小学校就学前までの幼児ユニットが
ある。それぞれ厨房と直接つながり、厨房職
員が食事の支援をすることができる。幼児は
トイレトレーニングがしやすいオープントイレ
の形式をとっている。
2階には女子ユニットと男子ユニットがあり、
別々の階段でアプローチする。一方、男女の
間に職員専用の通路を設けて、職員の数が少
ない夜間の緊急事態等にスムーズに対応でき
るよう計画した。
ユニット内部は、玄関から子どもを見守る対面
式キッチンのある食堂・居間に入り居室につな
がる。食堂・居間は2方向に窓をとって光と風
を取り入れ、子どもたちが自然に集まる場所と
した。居室は4人部屋、2人部屋、個室で構成
され、年齢に応じた使い分けができる。

コミュニケーションの
結節点となるカフェ

事務室の前室としてキッチンカウンターを備
え付けた「カフェ」を設けた。奥にはユニット

の職員や厨房職員が共有する職員室、施設長
室、応接室がある。大きな開口からは中庭を
行きかう子どもたちや、居住棟を一望できる。
中庭から土足で入る手軽さから学校帰りの子
どもが立ち寄ったり、職員同士のおしゃべりや
来客の接待に利用される。子どもの生活空間
とは適度に距離があることから、子どもと保護
者との面会や担当職員と子どもの「とっておき
のお茶会」にも使われる。また、中庭や敷地外
への見守りの役割も果たすなど、コミュニケー
ションの結節点として機能している（詳細はp.97
を参照）。

生活を豊かにする
手作りアートと環境

「退所した子どもを出迎えるオリジナルなもの
をつくりたい」と、職員によるアートプロジェク
トチームが結成され、型染め作家による看板
や敷地から採った土で子どもと作った陶板な
どを建物の一部に取り入れた。
屋上には芝生を植え、一部を畑にして子ども
と野菜を育てる場所とした。太陽光発電や熱
の利用、井戸水を汲む手押しポンプのある池、
木陰をつくる高木落葉樹など、自然の恵みが
子どもたちの生活を豊かにしてくれる。

2｜低い塀で親しみやすさを伝える

2階平面図｜1/400

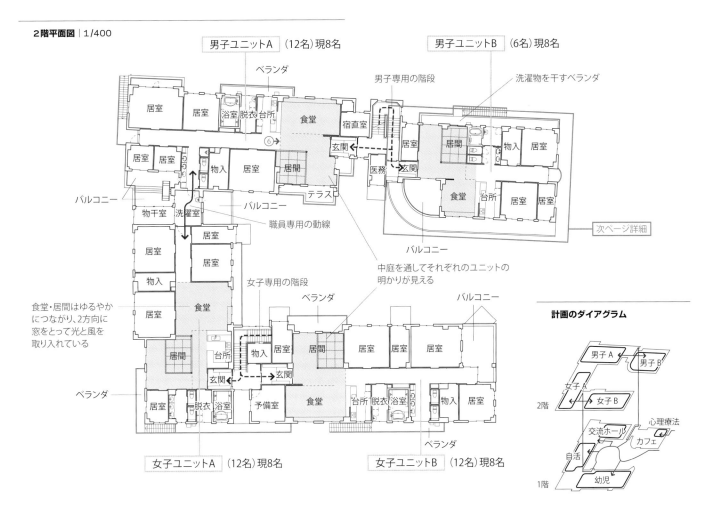

男子ユニットA（12名）現8名

男子ユニットB（6名）現8名

ベランダ

男子専用の階段

洗濯物を干すベランダ

居室／居室／浴室／脱衣／台所／食堂／宿直室／玄関／居室／居間／物入／居室

医務／玄関

バルコニー

居室／居室／物入／居室／居間

テラス

食堂／台所／居室／居室

職員専用の動線

中庭を通してそれぞれのユニットの明かりが見える

バルコニー

食堂・居間はゆるやかにつながり、2方向に窓をとって光と風を取り入れている

物干室／洗濯室

バルコニー

居室

居室／居室／物入／居室

居間／台所／物入／居室

居間／居室／居室／居室／居室

ベランダ

女子専用の階段

ベランダ

バルコニー

ベランダ

居室／脱衣／浴室／予備室／食堂／台所／脱衣／浴室／物入／居室

ベランダ

女子ユニットA（12名）現8名

女子ユニットB（12名）現8名

計画のダイアグラム

男子A／男子B

女子A／女子B

2階

心理療法

交流ホール／カフェ

自活

1階／幼児

配置図兼1階平面図｜1/400

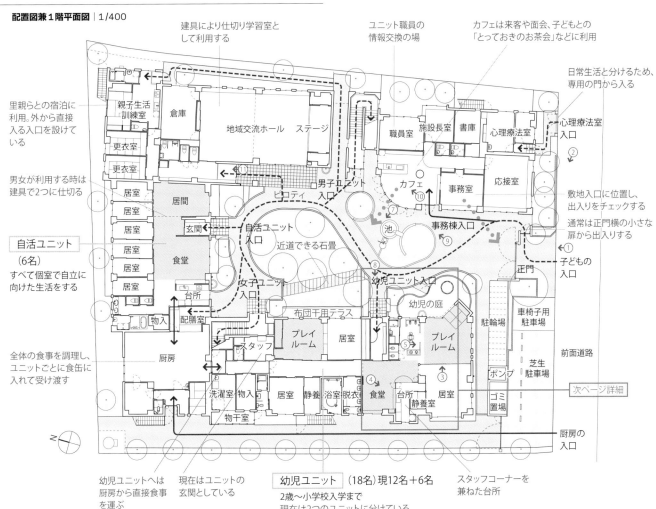

建具により仕切り学習室として利用する

ユニット職員の情報交換の場

カフェは来客や面会、子どもとの「とっておきのお茶会」などに利用

里親らとの宿泊に利用。外から直接入る入口を設けている

親子生活訓練室／倉庫／地域交流ホール／ステージ

職員室／施設長室／書庫／心理療法室

日常生活と分けるため、専用の門から入る

心理療法室入口

更衣室／更衣室

カフェ／事務室／応接室

男女が利用する時は建具で2つに仕切る

居室／居室／居間／玄関／居室／居室／居室／居室／食堂

男子ユニットピロティ入口

自活ユニット入口

近道できる石畳

池／事務棟入口

敷地入口に位置し、出入りをチェックする

通常は正門横の小さな扉から出入りする

自活ユニット（6名）すべて個室で自立に向けた生活をする

台所／物入／配膳室

女子ユニット入口

幼児ユニット入口

幼児の庭

子どもの入口

正門

厨房／スタッフ

布団干用テラス

プレイルーム／居室

プレイルーム

駐輪場

車椅子用駐車場

前面道路

芝生駐車場

全体の食事を調理し、ユニットごとに食缶に入れて受け渡す

洗濯室／物入／居室／静養／浴室／脱衣／食堂／台所／居室

静養室

ポンプ

ゴミ置場

物干室

厨房の入口

幼児ユニットへは厨房から直接食事を運ぶ

現在はユニットの玄関としている

幼児ユニット（18名）現12名＋6名　2歳〜小学校入学まで　現在は2つのユニットに分けている

スタッフコーナーを兼ねた台所

N

子どもを見守る台所

男子ユニットB断面図(A-A) | 1/80

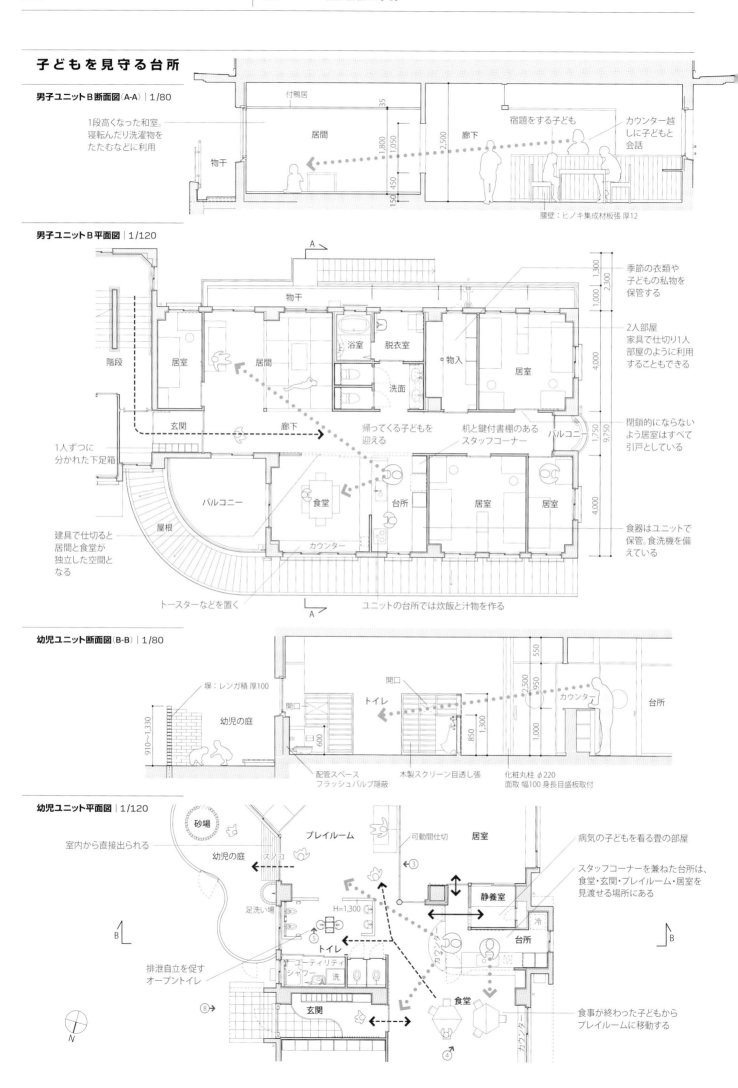

1段高くなった和室。寝転んだり洗濯物をたたむなどに利用

付鴨居

居間

物干

35
1,800
1,050
450
150

2,500

廊下

宿題をする子ども

カウンター越しに子どもと会話

腰壁:ヒノキ集成材板張 厚12

男子ユニットB平面図 | 1/120

A

物干

階段

居室

居間

浴室

脱衣室

洗面

物入

居室

玄関

廊下

帰ってくる子どもを迎える

机と鍵付書棚のあるスタッフコーナー

バルコニー

1人ずつに分かれた下足箱

バルコニー

屋根

食堂

台所

居室

居室

カウンター

トースターなどを置く

建具で仕切ると居間と食堂が独立した空間となる

ユニットの台所では炊飯と汁物を作る

A

1,300
2,300
1,000
4,000
9,750
1,750
4,000

季節の衣類や子どもの私物を保管する

2人部屋 家具で仕切り1人部屋のように利用することもできる

閉鎖的にならないよう居室はすべて引戸としている

食器はユニットで保管。食洗機を備えている

幼児ユニット断面図(B-B) | 1/80

塀:レンガ積 厚100

幼児の庭

910〜1,330

開口

開口

トイレ

配管スペース フラッシュバルブ隠蔽

木製スクリーン目透し張

600
850
1,300

化粧丸柱 φ220 面取 幅100 身長目盛板取付

550
2,500
950
1,000

カウンター

台所

幼児ユニット平面図 | 1/120

砂場

プレイルーム

可動間仕切

居室

室内から直接出られる

幼児の庭

スノコ

足洗い場

H=1,300

排泄自立を促すオープントイレ

ユーティリティ シャワー 洗

トイレ

静養室

台所

冷

玄関

食堂

病気の子どもを看る畳の部屋

スタッフコーナーを兼ねた台所は、食堂・玄関・プレイルーム・居室を見渡せる場所にある

食事が終わった子どもからプレイルームに移動する

B

B

N

3 | 1階幼児ユニットのプレイルーム。窓越しに幼児の庭が見える

6 | 2階の男子ユニット。玄関から居間・食堂に入り居室につながる

7 | カフェから中庭を見る。井戸水を利用した池や手押しポンプがある

4 | 幼児ユニットの食堂。台所からスタッフが見守る

5 | 幼児のオープントイレ

8 | 幼児ユニットの玄関。低いベンチを設けている

9 | カフェの入口。型染め作家による看板が掛かる

10 | カフェ内部。大きな開口から中庭が見える

11 | 交流ホール入口にある陶板のレリーフ

2-6

多様な居室構成で子どもの成長に対応する

生駒学園

DATA｜名称：生駒学園／種別：児童養護施設／定員：100名（現94名＋地域小規模児童養護施設6名）／所在地：大阪府東大阪市／
建築主：社会福祉法人生駒学院／敷地面積：3,066m²／建築面積：1,236m²／延床面積：2,958m²／
構造：鉄筋コンクリート造／階数：地上3階／工期：2010年11月－2012年3月

1｜中庭から北棟を見る。正面1階はランチルーム、右は幼児の庭

計画概要

定員120名の大舎制児童養護施設の園舎建替え事例である。定員を100名に減員し、6名の小規模ケアを4ユニット、12名を5ユニット、幼児16名を1ユニットの計10のユニットとした。現地建替えのため、子どもが生活をしながら2期に分けて工事を行った。

配置計画：幼児の庭を中心にする

新しい園舎は北棟と南棟で構成され、既存の事務棟とともに中庭を囲む。中央の建物は2階建てとして中庭へのボリューム感を抑えている。棟の間には細い路地を設け風の道をつくった。

1階はランチルームと隣り合った厨房を中心に、日当たりの良い南向きに幼児ユニットを置き、中庭を挟んで小学低学年のユニットを配置した。2、3階は小学校の中学年以上と中高生とし、男子と女子に分けている。

中庭と幼児の庭は、登下校の子どもや職員が日常的にふれあう場となるよう計画した。なお、心理療法室は独立した建物として敷地南側に新築した。

平面計画：
多様な居室構成のユニット

この施設では以前から幼児、小学生、中高生を分けた処遇を行っており、新しい建物でも年齢に応じた環境をつくることが求められた。対象児童を想定し、小学生は4～2人部屋、中学生は2～1人部屋、高校生は1人部屋としてユニットのプランを計画した。

南棟の1階は小学低学年を対象としたユニット、2階は男子小学生と男子小中生、3階は男子高校生のユニットとした。2つのユニットの間にはスタッフルームを設けており、1、2階はスタッフルーム脇にショートステイの部屋を設けた。

北棟の1階は幼児、2階は女子小中学生と女子中高生、3階は女子高校生ユニットと親子生活訓練室がある。幼児ユニットは2歳から小学校入学までの子どもを対象とし、昼間の遊び場となる居間にオープントイレとユーティリティを付設した。幼稚園児の居室はベッドと個別の収納を備え、未就園児は和室の続き間として午睡に対応しやすくしている。

小学生以上のユニットは玄関から食堂・居間に入り、対面式キッチンにより子どもを見守るプランとしている。12名のユニットは飾り棚や格子戸を用いて食堂と居間をゆるやかに仕切り、子どもが居場所を選択できるようにした。食堂・居間は可能な限り南向きに設置している。

子どもと職員の集うランチルーム

本計画では既存の事務棟を残して児童の園舎のみを建て替えたことから、職員と子どもの交流をどのように図るかが課題であった。そこで厨房前にユニット以外の職員が利用できるランチルームと、各ユニットに食事を渡す配膳室を計画した。中庭を行き来する子どもたちの様子がよくわかるように、ランチルームは大きな開口の開放的なつくりとし、本のコーナーを設けて子どもたちも利用できる場とした。

分節した外壁と屋根で
周辺地域と調和

周辺は低層住宅が密集する地域である。外壁にはタイルと塗り壁を用い、壁面に凹凸を付けてボリューム感を抑えるとともに、勾配屋根を小さく分けて周囲の住宅との調和を図っている。素朴な味わいのあるせっ器質タイルを用いて異なる色合いを組み合わせ、全体に温かみのある落ち着いた色調とした。

2｜建物は壁面を分節し周辺と調和させる

2階平面図｜1/500

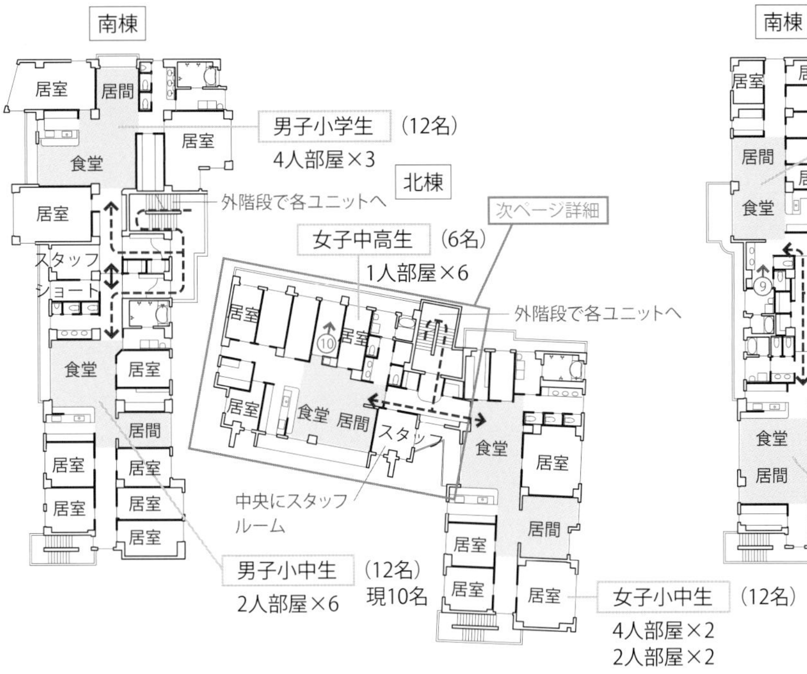

南棟

居室　居室
居間
居室
食堂
居室
スタッフショート
食堂　居室
居室
居室
居室
居室

男子小学生（12名）
4人部屋×3

外階段で各ユニットへ

北棟

次ページ詳細

女子中高生（6名）
1人部屋×6

外階段で各ユニットへ

居室
⑩ 居室
居室
食堂 居間
居室
スタッフ
食堂 居室
居室
居間
居室
居室
居間

中央にスタッフルーム

男子小中生（12名）
2人部屋×6　現10名

女子小中生（12名）
4人部屋×2
2人部屋×2

3階平面図｜1/500

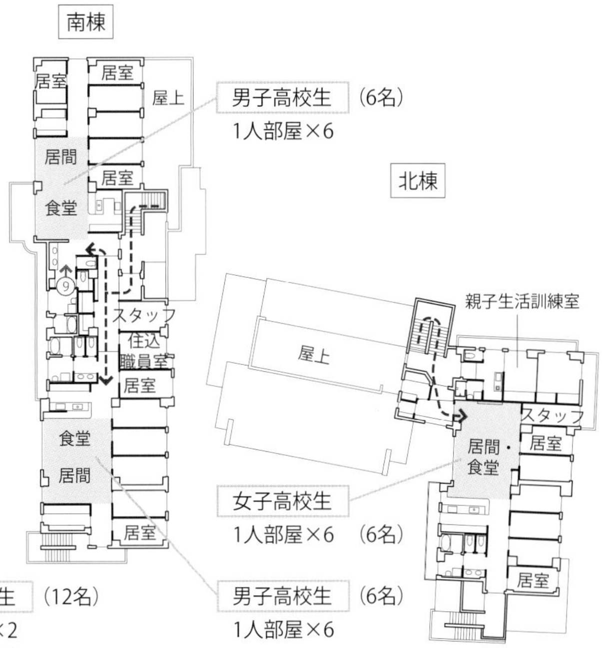

南棟

居室　居室
屋上
居間
居室
食堂

男子高校生（6名）
1人部屋×6

北棟

⑨
スタッフ住込職員室
居室
食堂 居間
居室

屋上

屋上

親子生活訓練室

スタッフ 居室
居間・食堂
居室

女子高校生
1人部屋×6（6名）

男子高校生（6名）
1人部屋×6

配置図兼1階平面図｜1/400

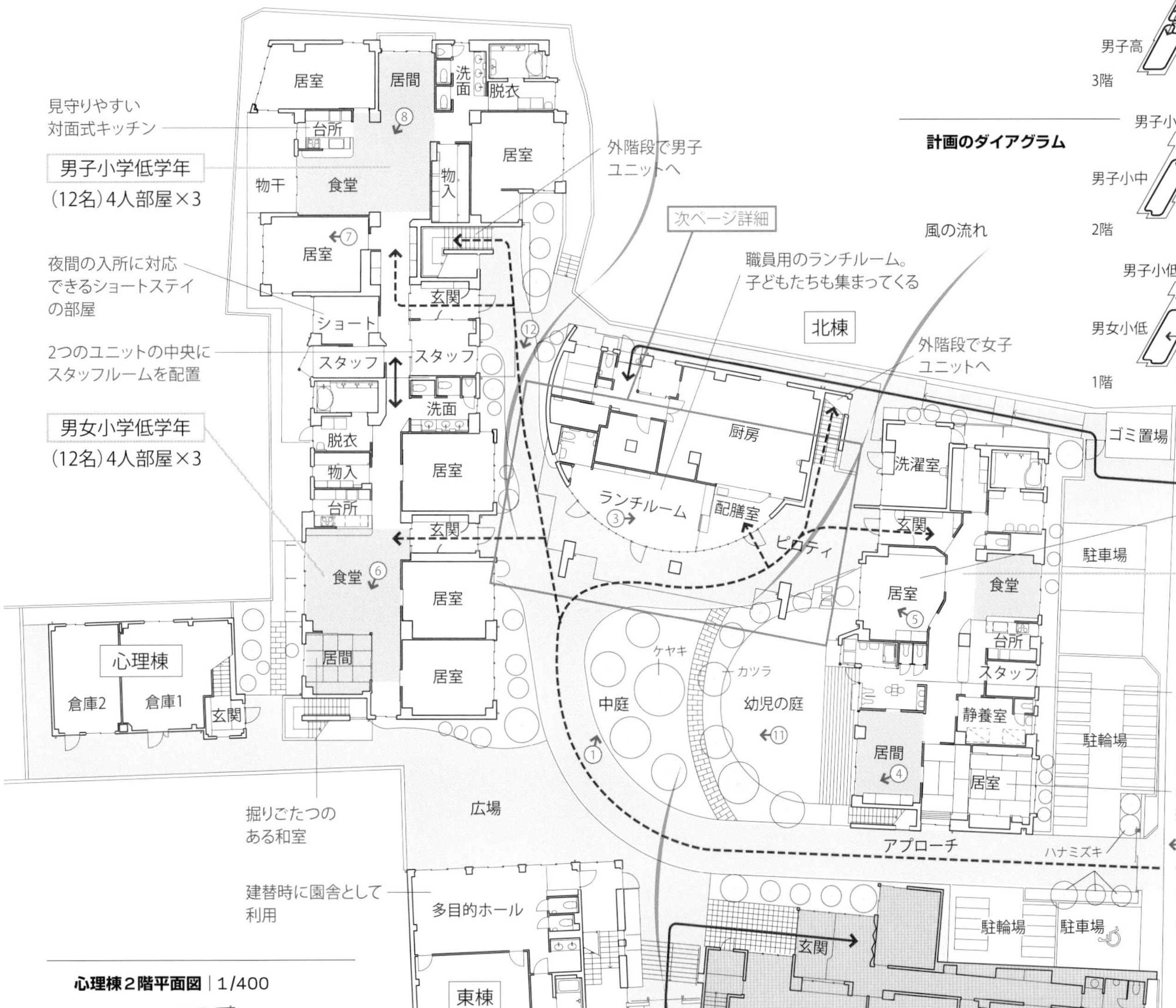

南棟

居室　居間 洗面 脱衣
台所 ⑧ 居室
物干 食堂 物入
居室 ⑦
ショート
スタッフ
脱衣
物入
台所
玄関 ⑫

見守りやすい対面式キッチン

男子小学低学年
（12名）4人部屋×3

夜間の入所に対応できるショートステイの部屋

2つのユニットの中央にスタッフルームを配置

男女小学低学年
（12名）4人部屋×3

掘りごたつのある和室

心理棟
倉庫2 倉庫1 玄関

玄関
居室
居間

食堂 ⑥

外階段で男子ユニットへ

次ページ詳細

職員用のランチルーム。子どもたちも集まってくる

風の流れ

北棟

厨房
ランチルーム ③ 配膳室
ピロティ

ケヤキ
カツラ
中庭 ① 幼児の庭 ⑪

洗濯室
玄関

外階段で女子ユニットへ

ゴミ置場

厨房の入口

幼稚園児の寝室はベッドを使用

幼児ユニット（16名）現12名

居室
食堂
台所
スタッフ
静養室
居間
居室

駐車場
駐輪場

オープントイレとユーティリティ

未就園児の寝室は2間続きの和室

子どもの入口

前面道路

⑤

ハナミズキ ←②

アプローチ

建替時に園舎として利用

多目的ホール

東棟

駐車場

来客用入口

玄関

駐輪場 駐車場

事務棟

計画のダイアグラム

男子高
男子高
3階
男子小
女子中高
男子小中
2階
女子小中
男子小低
男女小低
1階
厨房
幼児

女子高

N

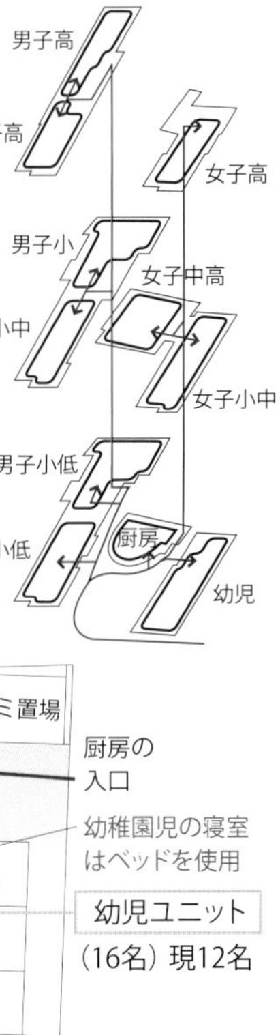

心理棟2階平面図｜1/400

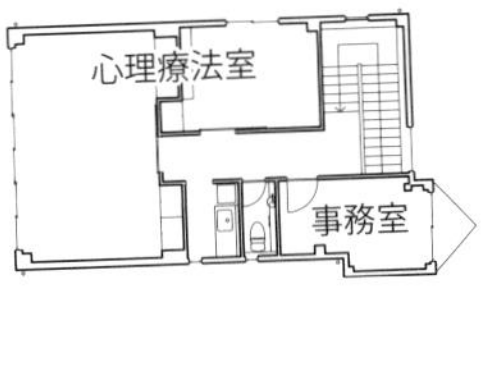

心理療法室
事務室

子どもと職員の集うランチルーム

ランチルーム・配膳室平面図｜1/80

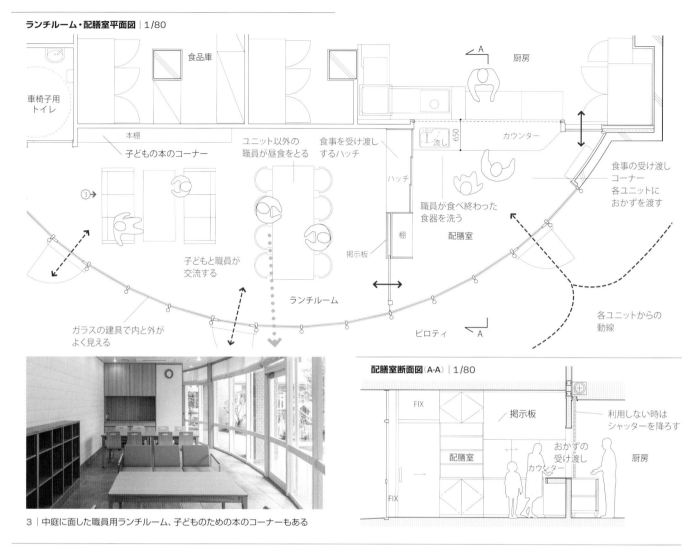

食品庫

車椅子用トイレ

A

厨房

本棚

カウンター

子どもの本のコーナー

ユニット以外の職員が昼食をとる

食事を受け渡しするハッチ

流し　650

ハッチ

職員が食べ終わった食器を洗う

食事の受け渡しコーナー　各ユニットにおかずを渡す

棚

配膳室

掲示板

子どもと職員が交流する

ランチルーム

ピロティ

A

各ユニットからの動線

ガラスの建具で内と外がよく見える

3｜中庭に面した職員用ランチルーム、子どものための本のコーナーもある

配膳室断面図（A-A）｜1/80

FIX

掲示板

利用しない時はシャッターを降ろす

配膳室

おかずの受け渡しカウンター

厨房

FIX

全室個室の6名ユニット

2階｜女子中高生ユニット平面図｜1/150

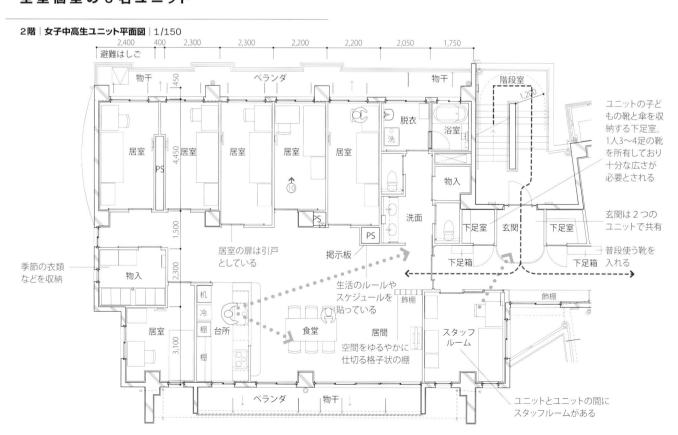

2,400　400　2,300　2,300　2,200　2,050　1,750

避難はしご

物干　450　ベランダ　物干

階段室　1,200

居室　4,450　居室　居室　居室　居室

脱衣

洗　浴室

物入

PS

PS

洗面

掲示板

PS

ユニットの子どもの靴と傘を収納する下足室。1人3〜4足の靴を所有しており十分な広さが必要とされる

玄関は2つのユニットで共有

下足室　玄関　下足室

下足箱　下足箱

普段使う靴を入れる

季節の衣類などを収納

1,500

居室の扉は引戸としている

物入　2,300

居室　3,100

机　冷　棚　台所　棚　棚

食堂

居間

空間をゆるやかに仕切る格子状の棚

生活のルールやスケジュールを貼っている

飾棚　飾棚

スタッフルーム

ベランダ　物干

ユニットとユニットの間にスタッフルームがある

4 | 幼児ユニットは南向きの庭に面している

5 | 幼稚園児の居室。ベッドと個別の収納

6 | 和室に掘りごたつのある小学低学年のユニット

7 | 小学生の4人部屋。ベッドの下には収納家具を入れている

8 | 1階男子小学低学年ユニットの食堂。対面式キッチンで子どもたちを見守る

9 | 洗面所から飾り棚越しに居間を見る

10 | 中高生用の個室

11 | 低い塀で囲われた幼児の庭

12 | ユニット玄関前の路地。風の通り道となる

2-7

本園と分園により小規模化・地域分散化を実現

奈佐原寮

DATA｜名称：奈佐原寮／種別：児童養護施設／定員：30名／所在地：大阪府高槻市／建築主：社会福祉法人奈佐原寮／敷地面積：2,919.19m²／建築面積：765.00m²／延床面積：1,120.45m²／構造：木造／階数：地上2階／工期：2015年9月−2016年3月

1｜段状の敷地に建物を配置。左手は分園、右手は本園の管理棟。落ち着いた色彩で周辺地域と調和を図る

計画概要

高槻市北部の寺の境内に1946年に開設された児童養護施設の建替えにあたり、大舎制の建物を小規模グループに分けるため、近隣に土地を求め移転新築を行った。定員30名の小さな施設であるが、小規模化・地域分散化の流れに対応するため、本園を定員16名とし、敷地内に14名の分園を建てることを計画した。建物は木造在来工法で、周辺の住宅に調和する落ち着いた佇まいとした。

配置計画：
段状の地形に沿って建てる

東側を山林、西側を神社に接し、南側は道路を挟んで住宅地が広がる。敷地は東に向かって段状に上っている。建物配置にあたり、造成工事を行わず、上段に本園（管理棟と児童棟A・B）、下段に道路から直接出入りする分園（児童棟C・D）を配置した。西側には古墳があるため建物を建てずにグラウンドとした。本園は正門近くに管理棟を配置し、子どもたちや地域の人たちが利用する地域交流ホールを計画した。

平面計画：
2棟をスタッフルームでつなぐ

本園は定員8名の児童棟が2棟、分園は定員8名と6名の2棟からなり、隣り合う棟の間にスタッフルームを設け、職員の協力体制がとれるよう計画した。2方向避難のため2階は廊下でつなげているが、小規模な生活単位としての独立性を高めるため、通常は施錠し非常時には電気錠で解除する。

南向きの居間と対面式キッチンのある食堂がゆるやかにつながり、吹抜けを通じて子どもの気配が伝わる。居間は通路に面し、帰宅する子どもや他の棟の子どもが中の様子を感じることができる。食堂には出窓を設け、子どもが朝の光の中で朝食をとるよう計画した。

福祉のまちづくり条例により、玄関の段差は2cm以下にすることが求められるが、車椅子への対応としてテラス側にスロープを取り、玄関は一般の木造戸建住宅と同様に15cmの上がり框を設けた。

個室を中心とした子どもの居室

子どもの居室は7.45m²（約4畳半）の個室を基本とし、ベッドと机をどちら側にも並べられる正方形とした。一部の居室は壁を可動間仕切りとしてきょうだいや低年齢児に対応できるよう計画している。年齢構成は幼児から高校生までの縦割りで、児童棟B・Cは特に低年齢児の受入れを想定し、1階の居室を和室の2人部屋とした。児童棟Bはスタッフルームの横に和室の静養室を設けている。

地域のセンター施設として
高機能化を図る

里親支援や心理的ケアなどを要する子どもへの対応など、地域のセンター施設として高機能化を図るため、管理棟の1階に親子生活訓練室、2階に心理療法室を設けている。また、地域交流ホールは厨房と直接つなげることで、さまざまなイベントに対応できるよう計画している。

配置図兼1階平面図 ｜ 1/400

上｜児童棟A・B 2階平面図 ｜ 1/400
下｜管理棟2階平面図 ｜ 1/400

計画のダイアグラム（本園）

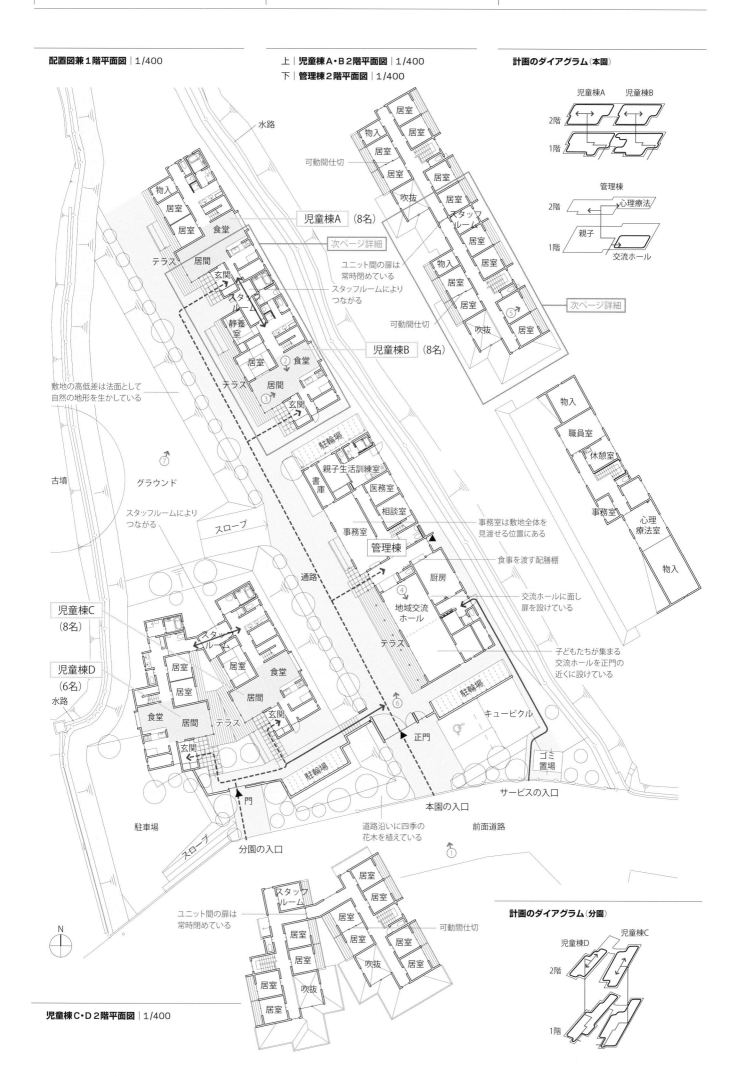

水路

物入
居室
居室
食堂
テラス 居間
玄関
スタッフ
ルーム
静養室
居室
② 食堂
③ テラス 居間
玄関

敷地の高低差は法面として
自然の地形を生かしている

古墳

グラウンド

スロープ

スタッフルームにより
つながる

児童棟C
（8名）

児童棟D
（6名）

水路

スタッフ
ルーム
居室
居室
食堂
居間
食堂 居間 テラス 玄関
玄関
門

駐車場

スロープ

分園の入口

児童棟C・D 2階平面図 ｜ 1/400

ユニット間の扉は
常時閉めている

スタッフ
ルーム
居室
居室
居室
居室
吹抜
居室
可動間仕切

可動間仕切

児童棟A（8名）

次ページ詳細

ユニット間の扉は
常時閉めている
スタッフルームにより
つながる

児童棟B（8名）

駐輪場
親子生活訓練室
書庫
医務室
相談室
事務室

管理棟

通路

④
地域交流
ホール
テラス

正門

駐輪場
キュービクル
ゴミ
置場
サービスの入口

本園の入口

道路沿いに四季の
花木を植えている

前面道路

居室
居室
物入
居室
居間
居室
スタッフ
ルーム
居室
居室
物入
居室
居室
吹抜
⑤ 居室

可動間仕切

次ページ詳細

事務室は敷地全体を
見渡せる位置にある

食事を渡す配膳棚

交流ホールに面し
扉を設けている

子どもたちが集まる
交流ホールを正門の
近くに設けている

厨房

2階 心理療法
管理棟
1階 親子
交流ホール

物入
職員室
休憩室
事務室
心理
療法室
物入

居室
居室
スタッフ
ルーム
居室
居室
居室
可動間仕切
居室
吹抜
居室

計画のダイアグラム（分園）

児童棟D 児童棟C
2階
1階

吹抜けで気配が伝わる子どもたちの家

児童棟B｜2階平面図｜1/150

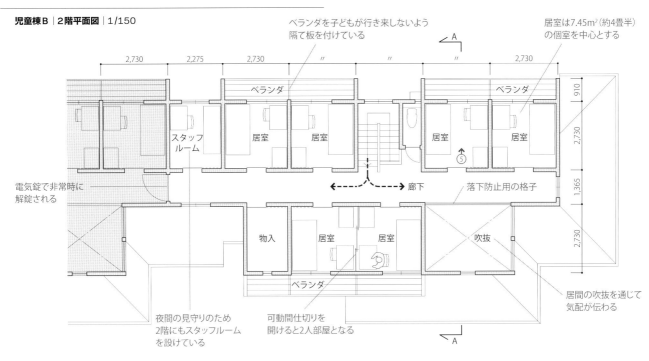

ベランダを子どもが行き来しないよう
隔て板を付けている

居室は7.45m²（約4畳半）
の個室を中心とする

電気錠で非常時に
解錠される

落下防止用の格子

居間の吹抜を通じて
気配が伝わる

夜間の見守りのため
2階にもスタッフルーム
を設けている

可動間仕切りを
開けると2人部屋となる

スタッフルーム　居室　居室　居室　居室　廊下　物入　居室　居室　吹抜　ベランダ

児童棟B｜1階平面図｜1/150

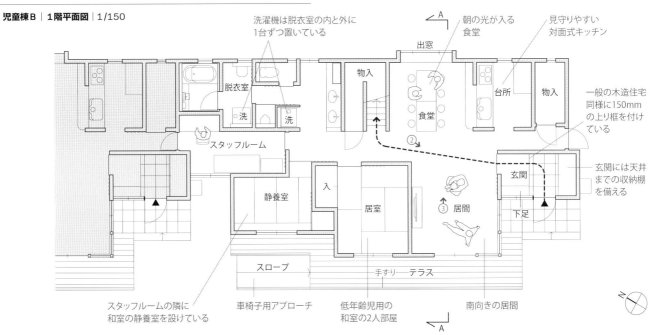

洗濯機は脱衣室の内と外に
1台ずつ置いている

朝の光が入る
食堂

見守りやすい
対面式キッチン

一般の木造住宅
同様に150mm
の上り框を付け
ている

玄関には天井
までの収納棚
を備える

スタッフルームの隣に
和室の静養室を設けている

車椅子用アプローチ

低年齢児用の
和室の2人部屋

南向きの居間

脱衣室　洗　洗　物入　出窓　食堂　台所　物入　スタッフルーム　静養室　入　居室　居間　玄関　下足　スロープ　手すり　テラス

児童棟B｜断面図（A-A）｜1/150

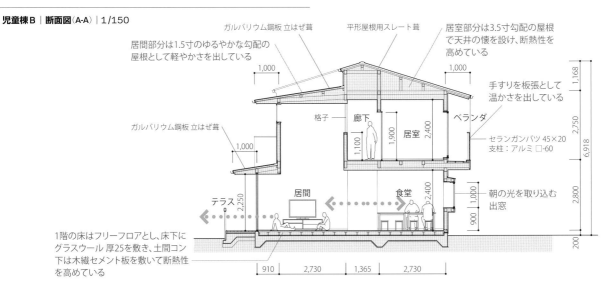

居間部分は1.5寸のゆるやかな勾配の
屋根として軽やかさを出している

ガルバリウム鋼板 立はぜ葺

平形屋根用スレート葺

居室部分は3.5寸勾配の屋根
で天井の懐を設け、断熱性を
高めている

手すりを板張として
温かさを出している

セランガンバツ 45×20
支柱：アルミ □-60

朝の光を取り込む
出窓

ガルバリウム鋼板 立はぜ葺

格子　廊下　居室　ベランダ

テラス　居間　食堂

1階の床はフリーフロアとし、床下に
グラスウール 厚25を敷き、土間コン
下は木織セメント板を敷いて断熱性
を高めている

2｜児童棟B。対面式キッチンのある食堂。居間は南向きで明るい

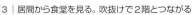

3｜居間から食堂を見る。吹抜けで2階とつながる

4｜地域交流ホール。2室に仕切る建具は壁の中に引き込んでいる。右手はテラス

5｜子どもの居室。広さは4畳半

6｜深く張り出した庇と木の柱が並ぶテラス

7｜左から児童棟A、B、管理棟。ゆるやかな勾配屋根で軽やかさを、板張りの手すりで温かさを伝える

2-8

０歳からの成長の段階に合わせて生活の場を設ける

和泉乳児院
和泉幼児院

DATA｜名称：和泉乳児院・和泉幼児院／種別：乳児院、児童養護施設／定員：乳児40名、児童44名（現36名＋分園型小規模グループケア8名）／所在地：大阪府泉大津市／建築主：社会福祉法人和泉乳児院／敷地面積：1,938㎡／建築面積：884㎡／延床面積：2,377㎡／構造：鉄筋コンクリート造／階数：地上4階／工期：2011年3月−2012年3月

1｜木製バルコニーと赤い屋根の物置小屋が子どものスケールの園庭をつくる

2｜瓦屋根でボリューム感を抑えたカフェと子どもの入口

計画概要

社会福祉法人和泉乳児院は、大阪府南部地域の7市の民生児童委員の発意により、1952年に創設され、乳児院（定員40名）と幼児院（小学校に入学するまでの子どもを対象とした児童養護施設、定員44名）を運営してきた。建物の老朽化による建替えを機に、少人数の家庭的な暮らしを実現するとともに、新たに学齢期の児童を対象としたユニットを設け、０歳から18歳まで住み続けられる環境を整えた。

配置計画：
２つの施設を積層し園庭を確保

新しい計画では１人当たりの必要面積の増加と小規模ケアの導入により、延床面積が約1.25倍になり、2つの施設を積層することで園庭を確保した。

日影規制のため4階建てを敷地中央に配し、北側は駐車場と2階建ての厨房棟を設けた。日当たりの良い南側に園庭をとり、東側に木造平屋の保育棟（未就園児を対象）、南側に子どものスケールに合わせた物置小屋を並べた。

1階には子どもや職員の交流空間としてカフェを設け、道路に面して大きな窓をとり、内部を見せることで地域に親しんでもらえるよう計画した。

平面計画：
屋外空間とのつながりを重視

幼児期は静的遊びや動的遊びの好みが分かれることから、室内と屋外を自由に行き来できるよう1階を幼児ユニットとした。外部からは門とゲートにより二重に管理され安心して外遊びができる。

2階は乳児院とし、16名の乳児ユニット2つと、それぞれに4名の小規模ケアを付設した。乳児の生活には日光浴や水遊びなどの活動が欠かせないことから、部屋からすぐに出られる大きなバルコニーを設けた。

3階は男女各6名の児童ユニットを設け、4階は地域交流ホールと心理療法室などを配置した。食事は厨房棟で調理し、各ユニットの台所に運ぶ。

月齢により２つのエリアに分ける

乳児ユニットは月齢により2つのエリアに分かれ、それぞれ寝室と観察室から構成される。月齢の低いエリアには新生児室、沐浴室、調乳コーナーを設け、月齢の高いエリアには家庭的な設備として台所を設けている。

乳児院は24時間体制での見守りや感染症への対策が重要である。スタッフルームから各室が見渡せ、かつ、間仕切りにより空気感染を避けるプランとしている。また、病室から洗濯室につながり直接廊下に出る動線を確保して汚物が子どもの生活空間を通過しないよう配慮しているほか、職員更衣室も2つに分けている。

見守りやすい空間で自主性を育てる

4つの幼児ユニットは定員各8名で、園庭に面して4つの玄関が並ぶ。居室は寝室となる和室と対面式キッチンのある居間・食堂で構成され、昼間は間仕切り建具を壁に引き込んでワンルームとして利用できる。台所は玄関からの出入りを確認しやすい位置にあり、トイレや洗面も見守りやすくすることで、幼児の自主性を育てることを意図している。また、夜間の管理体制を考慮し、隣り合うユニットの間に職員の宿直室を設けた。

そのほか、感染症対策として、外から直接出入りする隔離室を設けている。

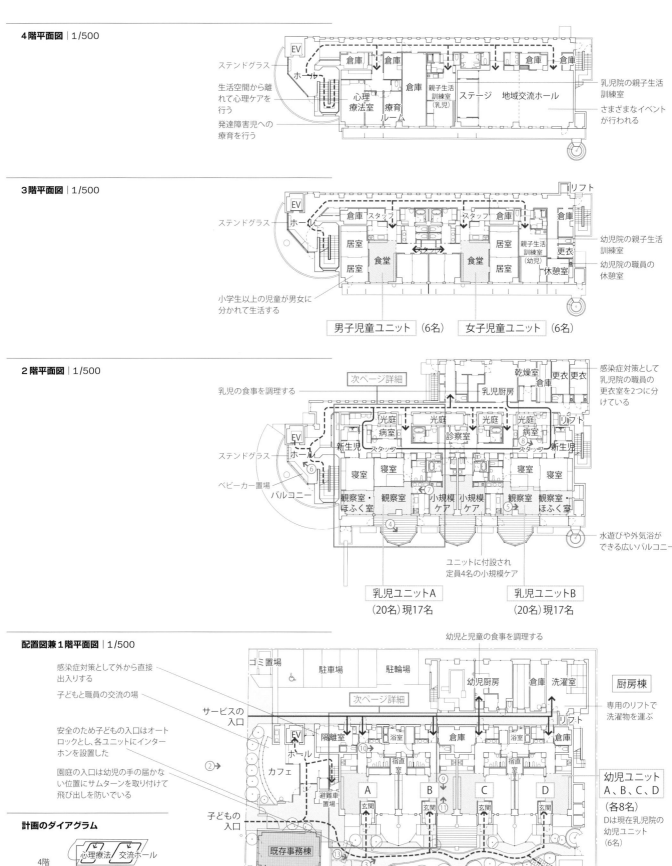

4階平面図 | 1/500

ステンドグラス
EV
ホール
倉庫　倉庫
倉庫
親子生活訓練室（乳児）
ステージ　地域交流ホール
心理療法室　療育ルーム
生活空間から離れて心理ケアを行う
発達障害児への療育を行う
乳児院の親子生活訓練室
さまざまなイベントが行われる

3階平面図 | 1/500

ステンドグラス
EV
ホール
リフト
倉庫　スタッフ　スタッフ　倉庫　倉庫
居室　食堂　食堂　居室
居室　居室
親子生活訓練室（幼児）
更衣
休憩室
小学生以上の児童が男女に分かれて生活する
幼児院の親子生活訓練室
幼児院の職員の休憩室

男子児童ユニット（6名）　　女子児童ユニット（6名）

2階平面図 | 1/500

次ページ詳細
乾燥室　倉庫　更衣　更衣
乳児厨房
ステンドグラス
EV
ホール
光庭　光庭　光庭　光庭
病室　診察室　病室
新生児　スタッフ　スタッフ　新生児
寝室　寝室　寝室　寝室
⑥
⑧
ベビーカー置場
バルコニー
観察室・ほふく室　観察室　小規模ケア　小規模ケア　観察室　観察室・ほふく室
④　⑦　⑤
乳児の食事を調理する
感染症対策として乳児院の職員の更衣室を2つに分けている
リフト
水遊びや外気浴ができる広いバルコニー
ユニットに付設され定員4名の小規模ケア

乳児ユニットA（20名）現17名　　乳児ユニットB（20名）現17名

配置図兼1階平面図 | 1/500

幼児と児童の食事を調理する
ゴミ置場　駐車場　駐輪場
幼児厨房　倉庫　洗濯室　**厨房棟**
次ページ詳細
サービスの入口
感染症対策として外から直接出入りする
子どもと職員の交流の場
EV
ホール
隔離室　浴室　倉庫　浴室　倉庫
カフェ
専用のリフトで洗濯物を運ぶ
リフト
安全のため子どもの入口はオートロックとし、各ユニットにインターホンを設置した
避難車置場
宿直室　宿直室
⑩
A　B　C　D
玄関　玄関　玄関　玄関
⑨　⑪
幼児ユニットA、B、C、D（各8名）
Dは現在乳児院の幼児ユニット（6名）
園庭の入口は幼児の手の届かない位置にサムターンを取り付けて飛び出しを防いでいる
②→
子どもの入口
既存事務棟
①
③　⑬
園庭
受水槽
⑫
保育棟
前面道路
三輪車置場
物置
道路
N
レンガ透かし積の塀により、園庭の気配を外に伝える
保育棟は、子どものスケールに合わせた木造平屋の建物
未就園児を対象にモンテッソーリ式の保育を行う

計画のダイアグラム

4階　心理療法　交流ホール
3階　男子　女子　児童
2階　A　B　乳児
1階　A　B　C　D　幼児

乳児の生活空間

2階断面図(A-A)｜1/60

0歳から2歳までの乳児が生活するユニットは、新生児室、年齢ごとに分けられる2つの寝室と2つの観察室、病室などで構成される。スタッフルームからそれぞれの部屋が見通せ、最小限の動線で行き来できるよう平面計画を練った。職員からは見通しよく、乳児の視線では囲まれた空間となるよう建具をデザインしている。屋外空間であるバルコニーは、木製デッキと腰壁、パーゴラで囲まれている。階下の園庭をあえて見えなくすることで、地上と同じ感覚で生活できることを意図した。

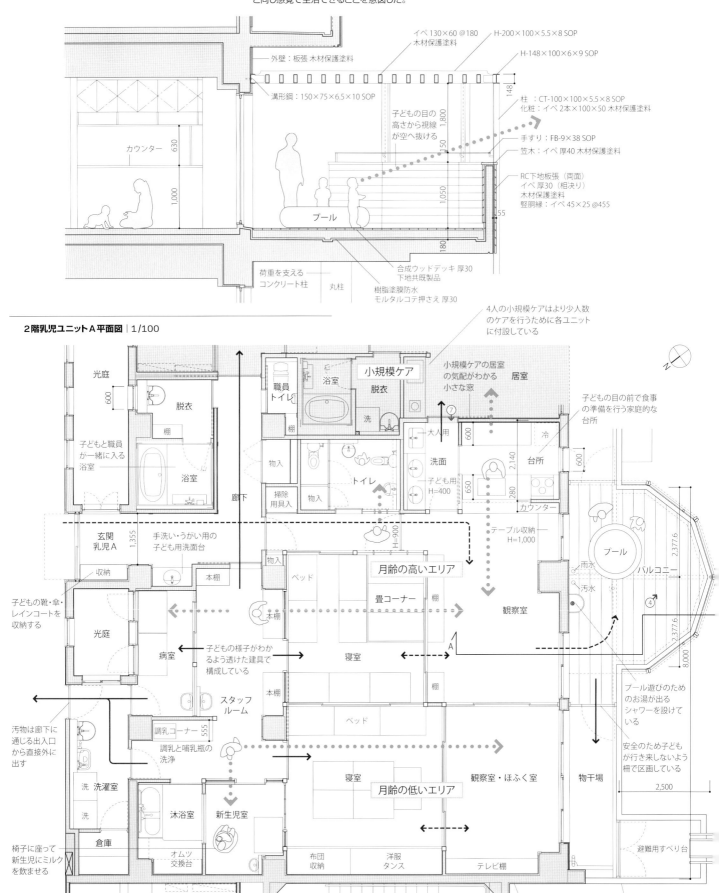

2階乳児ユニットA平面図｜1/100

3 | 建物から張り出した木製バルコニー

4 | 2階バルコニー内部。腰壁を付けており子どもの視線が空へ抜ける

5 | 乳児ユニットBの観察室。左が寝室。すべて建具により仕切っている

6 | 各階異なるステンドグラスを入れている

7 | 乳児ユニットA。洗面台は子ども用と大人用の高さ

8 | 乳児ユニットBのスタッフルームからの見通し。左は新生児室、右は寝室、奥に観察室

幼児の生活空間

2歳から就学までの子どもが生活する4つのユニットは、各ユニットが見通しやすい2つの居室で構成される。台所は対面式でトイレ、洗濯室などの水回りにも近い。トイレはガラスの建具で廊下からも見守りやすく、洗面所と洗濯室の間に窓を設けて気配が伝わるようにしている。浴室は2つのユニットで共有し、浴槽を2つ備えて子どもの身長に合わせて湯量を調整する。夜間は2つのユニットを見守れるよう、中央に宿直室を設けている。

トイレ・洗面・洗濯室断面図（A-A）│ 1/60

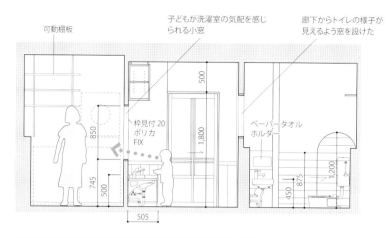

可動棚板

子どもが洗濯室の気配を感じられる小窓

廊下からトイレの様子が見える窓を設けた

枠見付 20 ポリカ FIX

ペーパータオルホルダー

居室断面図（B-B）│ 1/60

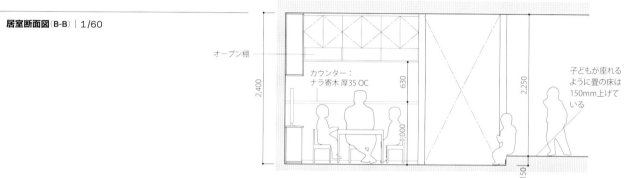

オープン棚

カウンター： ナラ寄木 厚35 OC

子どもが座れるように畳の床は150mm上げている

1階幼児ユニットA平面図 │ 1/100

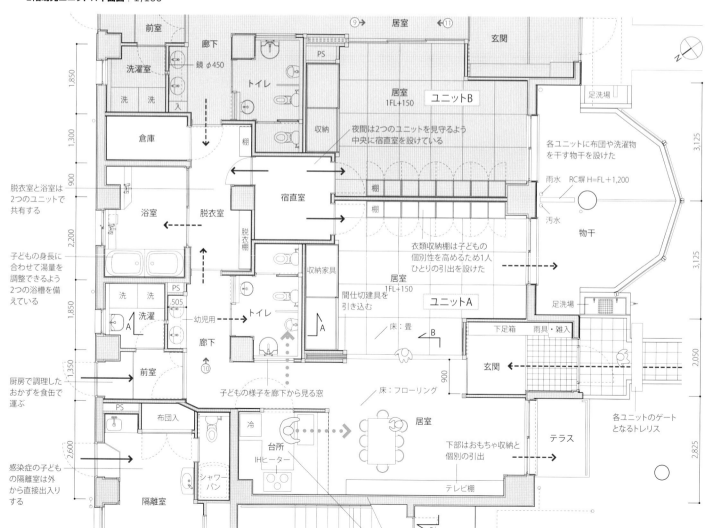

前室

廊下

洗濯室

鏡 φ450

トイレ

居室

玄関

PS

足洗場

倉庫

棚

居室 1FL+150　ユニットB

収納

夜間は2つのユニットを見守るよう中央に宿直室を設けている

各ユニットに布団や洗濯物を干す物干を設けた

雨水　RC塀 H=FL+1,200

汚水

物干

脱衣室と浴室は2つのユニットで共有する

浴室

脱衣室

宿直室

棚

棚

脱衣棚

衣類収納棚は子どもの個別性を高めるため1人ひとりの引出を設けた

子どもの身長に合わせて湯量を調整できるよう2つの浴槽を備えている

洗　洗

洗濯

PS　505

収納家具

トイレ

居室 1FL+150　ユニットA

間仕切建具を引き込む

床：畳

足洗場

幼児用

廊下

前室

子どもの様子を廊下から見る窓

床：フローリング

下足箱　雨具・雑入

玄関

テラス

厨房で調理したおかずを食缶で運ぶ

PS

布団入

冷

居室

各ユニットのゲートとなるトレリス

感染症の子どもの隔離室は外から直接出入りする

台所

IHヒーター

シャワーパン

隔離室

下部はおもちゃ収納と個別の引出

テレビ棚

ユニットの台所で炊飯、盛り付け、食器洗い、食器の保管を行う

9 ｜ 幼児ユニットBの居室。和室は床が15cm高くなっている

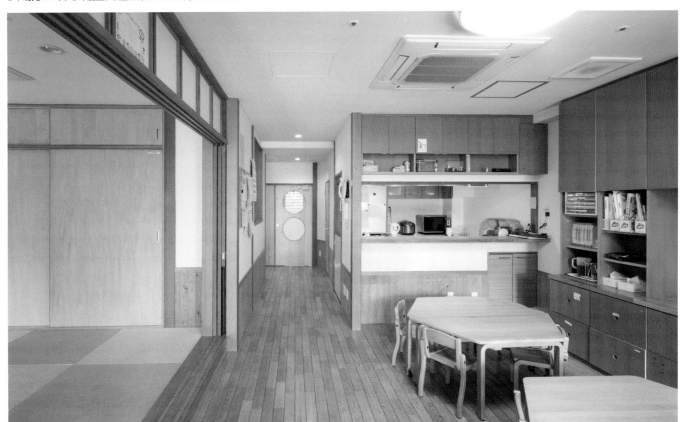

10 ｜ 洗面コーナー。右はトイレの入口

11 ｜ 幼児ユニットBの玄関から室内を見る。間仕切り建具は壁に引き込める

12 ｜ 園庭にある保育棟の内部。子どものスケールに合わせた木造建築

13 ｜ 園庭入口から保育棟を見る。鉄製のトレリスをくぐって園庭に入る

2-9

分割建替えにより施設の小規模化・地域分散化を図る

すみれ乳児院

DATA｜名称：すみれ乳児院／種別：乳児院／定員：35名／所在地：大阪市旭区／建築主：社会福祉法人大阪福祉事業財団／
敷地面積：650.25㎡／建築面積：414.43㎡／延床面積：1,068.15㎡／構造：鉄骨造／階数：地上4階／
工期：2016年12月−2017年9月

1｜前面道路から見る。赤い屋根は子育てサロン

2｜1階の光庭。ヤマボウシの木と避難用すべり台

計画概要

大阪市内にある定員50名の乳児院の建替えにあたり、施設を小規模化・地域分散化するため定員35名と18名の2つに分割し、近隣地にそれぞれ移転・新築した。本体のすみれ乳児院は6つのユニットで乳児の生活単位を小規模化するとともに、子育てサロンや短期入所専用の部屋を設けて地域の子育てを支援する。

配置・平面計画：光庭を囲む

敷地は北側を道路に接する南北に細長い形状である。南側に2つのユニットを並べ、北側にサロンや地域交流ホールなどをまとめた。避難用のすべり台を日常的な遊びに利用することで、いざという時の備えにしたいとの施設の要望から、建物の中央に光庭をとり、すべり台

を設置した。

少人数の生活と手厚いケア

ユニットは5−6人の子どもが縦割りで生活する。すべてのユニットに台所とユニットバスを備え、家庭的環境の中で過ごすことができる。2階のユニットDは新生児から6カ月くらいまでを対象とし、新生児室、沐浴の設備を備えている。スタッフルームは2つのユニットで共用し、上下階をらせん階段でつないで職員間の協力体制をとりやすくしている。
また、子どもと保護者との面会を積極的に行うため、各階に面会室を設けた。廊下から出入りし、ユニット内には親子の様子を職員がさりげなく見守れる小窓を設けている。

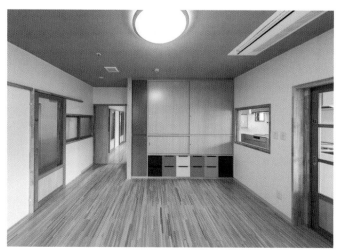

3｜ユニットCの寝室。ヒノキの床に温水式床暖房を設けている

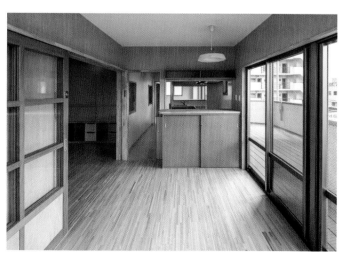

4｜観察室から台所を見る。カウンター下にはテーブルを収納できる

4階平面図 | 1/400

遊び場に利用できるよう
人工芝を敷いている

設備置場

キュービクル　物干場

共用の洗濯室

収納棚

屋上

倉庫　洗濯室　廊下　EV　テラス　入

設備置場

プール遊びのために庇をつけている

3階平面図 | 1/400

車椅子に対応した浴室　　各ユニットに家庭用ユニットバス

更衣室（女）　親子生活訓練室　デッキ

更衣室（男）　更衣室（実習生）　デッキ　光庭

休憩室

会議室　心理療法室　EV

スタッフルーム　面会室　観察室　物干

寝室　寝室　台所　バルコニー　観察室

ユニットF（6名）
6ヵ月～2歳

ユニットE（6名）
6ヵ月～2歳

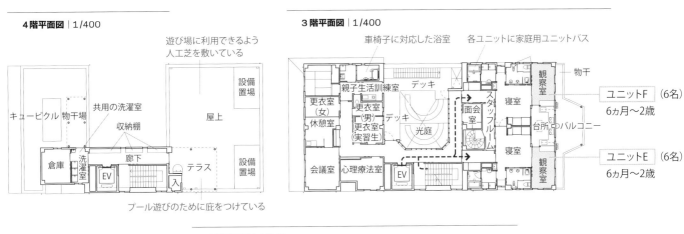

計画のダイアグラム

物干　屋上
4階

親子
3階　心理　F　E

交流ホール　D
保育室　C
2階

サロン　B　A
1階

2階平面図 | 1/400

避難すべり台を日常的な
遊びに利用する　　独立した
洗濯室　　浴室と沐浴がある　　新生児のための部屋

地域との交流
雨天時の遊び場
にもなる

サロンの
赤い屋根

地域交流ホール

デッキ　光庭

新生児室　観察室　物干

保育室　倉庫

日中の保育の場

短期支援　医務・静養室　EV

短期入所専用の部屋

前室　スタッフルーム　面会室

寝室　台所　台所　バルコニー

寝室　観察室　物干

ユニットD（6名）
新生児～
6ヵ月くらい

水遊びのできる
バルコニー

ユニットC（5名）
6ヵ月～2歳

詳細下図

南側に2つのユニットを並べている

配置図兼1階平面図 | 1/400

地域の親子が利用する子育てサロン　　面会室は各階にある
廊下から出入りする　　スタッフルームは2つの
ユニットで共用

入口　バギー置場　アプローチ　玄関　相談室

前面道路　サロン　事務室　更衣

サービス
入口　駐輪場　更衣室　書庫

駐車場　厨房　ポンプ室

前室　食品庫　EV

物干　ユニットB（6名）
砂場　6ヵ月～2歳

スタッフルーム　面会室　光庭　更衣

寝室　台所　縁側

寝室　観察室　物干

ユニットA（6名）
井戸　6ヵ月～2歳

ヤマボウシの木

災害に備えて
井戸を掘った

2階ユニットC | 平面図 | 1/100

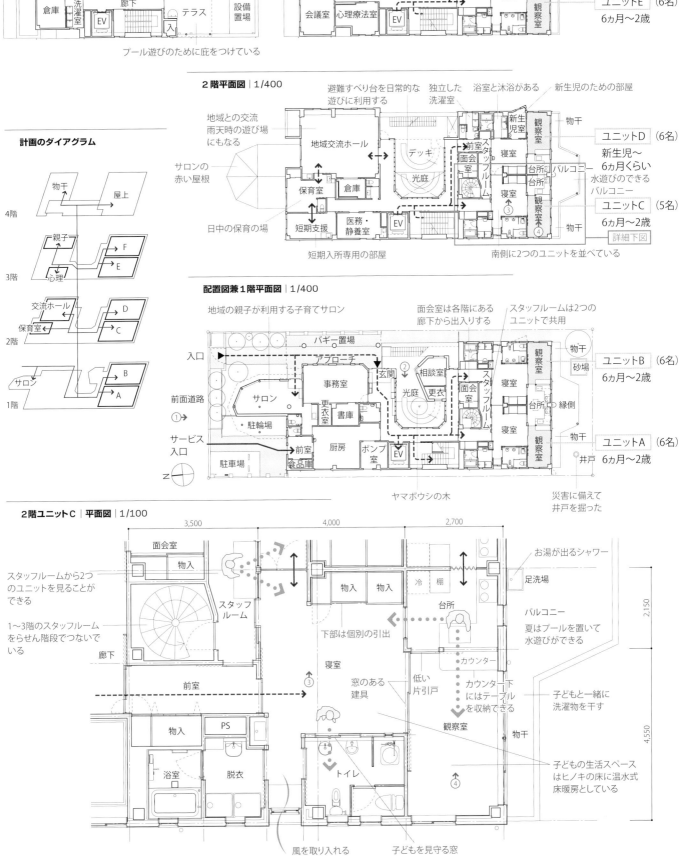

3,500　4,000　2,700

面会室
物入

スタッフルームから2つ
のユニットを見ることが
できる

1～3階のスタッフルーム
をらせん階段でつないで
いる

廊下

前室

物入　PS

浴室　脱衣

スタッフ
ルーム

物入　物入

寝室

窓のある
建具

冷　棚　台所

下部は個別の引出

低い
片引戸

カウンター

カウンター下
にはテーブル
を収納できる

観察室

トイレ

風を取り入れる　子どもを見守る窓

お湯が出るシャワー

足洗場

2,150

バルコニー
夏はプールを置いて
水遊びができる

子どもと一緒に
洗濯物を干す

物干

4,550

子どもの生活スペース
はヒノキの床に温水式
床暖房としている

2-10

子育てを応援する院内保育所

菜の花保育所

DATA｜名称：菜の花保育所／種別：企業内保育所／定員：83名／所在地：大阪府堺市／建築主：医療法人 錦秀会／
敷地面積：27,441㎡／建築面積：986㎡／延床面積：2,370㎡／構造：鉄骨造／階数：地上3階／
工期：2008年6月-2009年2月

1｜大らかなシルエットに柔らかな色彩の壁面が楽しさを表している

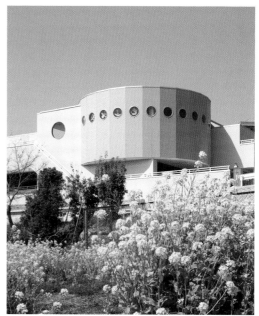

2｜丸窓のある円形の保育室

計画概要

病院で働く職員が安心して子育てできる環境を整えるため、敷地内に24時間体制の保育所を整備した。子どもの施設であることをアピールするため、大らかなシルエットに丸窓のある円形の保育室、柔らかな色彩の壁面で楽しさを表した。

配置計画：屋上にある保育所

建物は1、2階が駐車場、3階が保育所となっている。ボリューム感を抑えるため、敷地の高低差を利用して2階レベルの道路からアプローチする動線計画とした。

子どもが一日の大半を過ごす場所として自然を感じる空間が必要であると考え、人工地盤の園庭に築山や砂場をつくり、草花を植えて、最上階を感じさせない遊び場を計画した。

エレベーターホールから門を入ると保育士室があり、月齢の小さい子どもはここから入る。さらに門を入ると、園庭があり子どもたちはテラスからそれぞれの部屋に入る。

平面計画：24時間保育への対応

最大定員は83名（2歳未満30名、2歳以上53名）

であるが、院内の保育所に来る子どもは時間帯や曜日により人数が大きく変わることから、子どもの増減に対応できるように、区画しながら視線がつながる空間が求められた。

保育空間は乳児室（0-3歳）、保育室（4-5歳）、夜間保育室の3つのエリアからなる。

乳児室は午睡をとるための畳の部屋と食事や遊びの空間を分け、トイレ、沐浴・シャワーなどのあるユーティリティを備えている。保育室は死角のない室内、吸音効果の高い天井仕上げ、クッション材を貼った腰壁などで安全と快適さを確保している。2つの部屋は透けた建具で仕切り、視覚的につながるように計画した。

夜間保育室は、夜遅く迎えが来る子どものために入口の近くに置き、居間と和室の続き間で構成し、子どもたちが安心して過ごせるしつらえとした。

病後児を受け入れるために、保育士室の一角に保育コーナーを設け、子どもが淋しくないようにガラス張りの部屋とした。

見通しの良い空間に
居場所をつくる

全体的に死角のない空間が希望され、ユー

ティリティやトイレからも見渡せる開放的な空間をつくった。その中に子どもの居場所を入れ込むため、畳の部屋は背の低い家具で仕切り、保育室との壁は腰付き窓として、スタッフの視線を通し、子どもの目線では囲われた空間としている。

園庭に面した窓辺には絵本を並べる棚やおもちゃを入れる引出の付いた家具をつくり、子どもが腰かけて本を読めるコーナーとした。乳児のトイレは低い透けた板壁で囲ったオープントイレとし、子どもが自由に行き来できる明るい場所とした。

外周バルコニーで安全を確保

建物の周囲は強い風を防ぐことと、地上からの高さを感じさせないため、約2mの高さの塀を立てた。その外側にさらにバルコニーを設置して避難路を確保するとともに、物を落下させたときの緩衝空間としている。

ほかに、子どもが使う部屋のドアの取っ手や窓のクレセント錠は幼児の手が届かない高い位置に取り付け、柱などの角は丸くしてクッション性のある素材を貼るなどの工夫をしている。

断面図（A-A）｜ 1/250

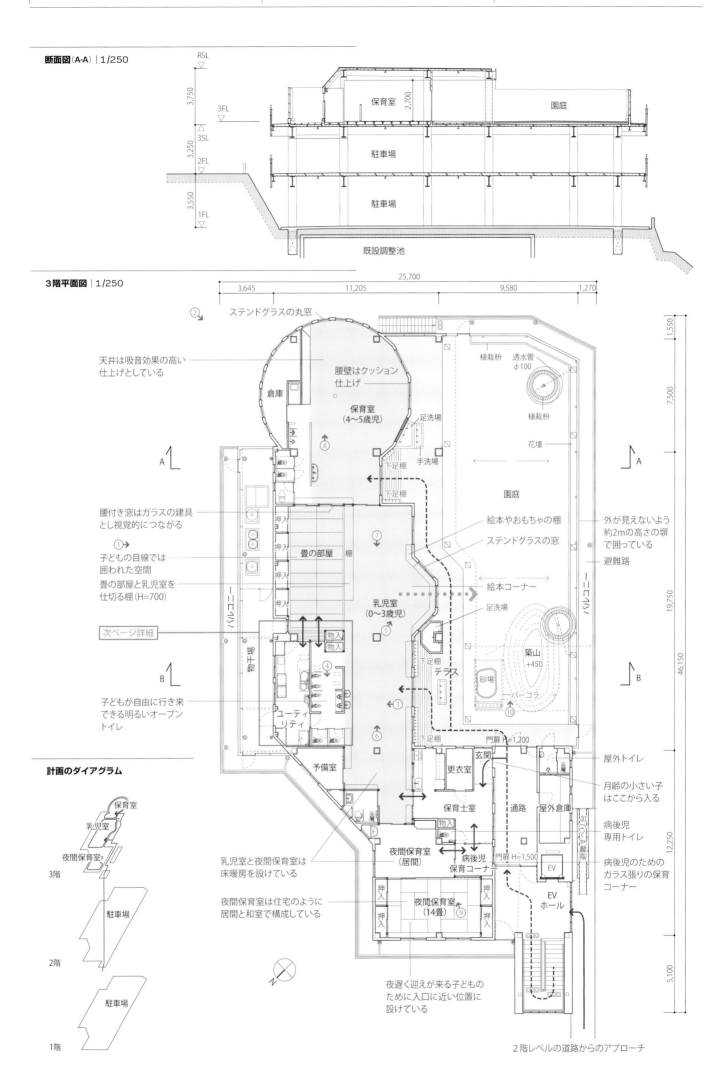

RSL
3,750
3FL
3,250
3SL
2FL
3,550
1FL

保育室 2,700
園庭
駐車場
駐車場
既設調整池

3階平面図 ｜ 1/250

25,700
3,645　11,205　9,580　1,270

ステンドグラスの丸窓

天井は吸音効果の高い
仕上げとしている

倉庫

腰壁はクッション
仕上げ

保育室
（4～5歳児）

足洗場
下足棚
下足棚
手洗場

植栽枡
透水管
φ100
植栽枡
花壇

園庭

1,550
7,500

A

腰付き窓はガラスの建具
とし視覚的につながる

押入
押入
押入
押入

畳の部屋

棚

絵本やおもちゃの棚
ステンドグラスの窓

外が見えないよう
約2mの高さの塀
で囲っている

避難路

子どもの目線では
囲われた空間

畳の部屋と乳児室を
仕切る棚（H=700）

絵本コーナー

乳児室
（0～3歳児）

足洗場

下足棚

築山
+450

砂場

パーゴラ

19,750
46,150

次ページ詳細

物干場

物入
物入

テラス

B

子どもが自由に行き来
できる明るいオープン
トイレ

ユーティ
リティ

予備室

下足棚

門扉 H=1,200

玄関

更衣室

屋外トイレ

月齢の小さい子
はここから入る

計画のダイアグラム

保育室
乳児室
夜間保育室
3階

駐車場
2階

駐車場
1階

乳児室と夜間保育室は
床暖房を設けている

夜間保育室は住宅のように
居間と和室で構成している

保育士室

物入

夜間保育室
（居間）

病後児
保育コーナ

門扉 H=1,500

通路

屋外倉庫

EV

EV
ホール

病後児
専用トイレ

病後児のための
ガラス張りの保育
コーナー

押入
押入

夜間保育室
（14畳）

押入
押入

12,250
5,100

夜遅く迎えが来る子どもの
ために入口に近い位置に
設けている

2階レベルの道路からのアプローチ

外周バルコニーで安全を確保

断面図（B-B）| 1/80

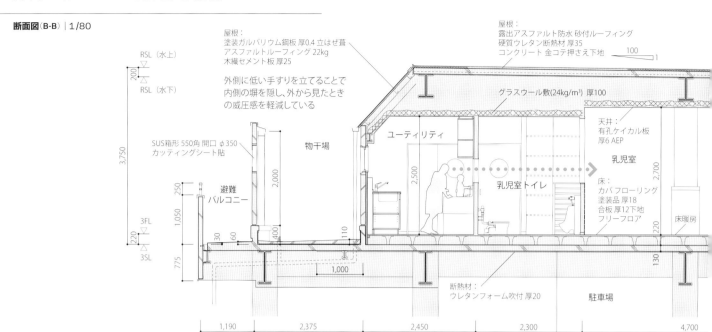

屋根：
塗装ガルバリウム鋼板 厚0.4 立はぜ葺
アスファルトルーフィング 22kg
木繊セメント板 厚25

外側に低い手すりを立てることで
内側の塀を隠し、外から見たとき
の威圧感を軽減している

屋根：
露出アスファルト防水 砂付ルーフィング
硬質ウレタン断熱材 厚35
コンクリート 金コテ押さえ下地

グラスウール敷(24kg/m³) 厚100

天井：
有孔ケイカル板
厚6 AEP

SUS箱形 550角 開口 φ350
カッティングシート貼

物干場

ユーティリティ

乳児室

乳児室トイレ

床：
カバフローリング
塗装品 厚18
合板 厚12下地
フリーフロア

床暖房

RSL（水上）
RSL（水下）

避難
バルコニー

3FL
3SL

断熱材：
ウレタンフォーム吹付 厚20

駐車場

床下が外気に接しているため
断熱材を吹き付けている

200　3,750　250　1,050　220　775　2,000　400　30　60　110　2,500　2,700　130　220

1,190　2,375　2,450　1,000　2,300　4,700

オープントイレと乳児室まで見渡せるユーティリティ

ユーティリティ、乳児室トイレ平面図 | 1/80

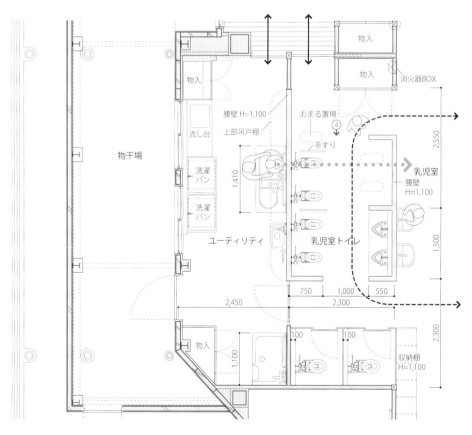

物入

物入

消火器BOX

腰壁 H=1,100
上部吊戸棚

おまる置場

手すり

物入

流し台

物干場

洗濯
パン

洗濯
パン

ユーティリティ

乳児室トイレ

乳児室
腰壁
H=1,100

物入

収納棚
H=1,100

1,410　2,550　1,500　2,300

750　1,000　550　2,450　2,300　100　100　1,100

3 | ユーティリティから乳児室が見渡せる

4 | 子どもが自由に行き来できる明るいトイレ

5 | 本を並べる棚やおもちゃを入れる引出のある絵本コーナー

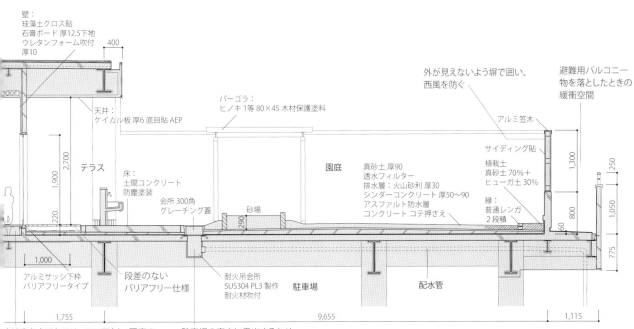

壁：
珪藻土クロス貼
石膏ボード 厚12.5下地
ウレタンフォーム吹付
厚10

400

天井：
ケイカル板 厚6 底目貼 AEP

テラス

床：
土間コンクリート
防塵塗装

2,700
1,900
220

1,000

アルミサッシ下枠
バリアフリータイプ

段差のない
バリアフリー仕様

会所 300角
グレーチング蓋

パーゴラ：
ヒノキ 1等 80×45 木材保護塗料

園庭

砂場

290

耐火吊会所
SUS304 PL3 製作
耐火材吹付

駐車場

真砂土 厚90
透水フィルター
排水層：火山砂利 厚30
シンダーコンクリート 厚50〜90
アスファルト防水層
コンクリート コテ押さえ

外が見えないよう塀で囲い、
西風を防ぐ

避難用バルコニー
物を落としたときの
緩衝空間

アルミ笠木

サイディング貼

植栽土
真砂土 70％＋
ヒューガ土 30％

縁：
普通レンガ
2段積

配水管

1,300
250
800
1,050
60
775

1,755　　　　9,655　　　　1,115

床は束を立てたフリーフロアとし、園庭の
仕上げレベルに合わせて床高を決めている

駐車場の室内に露出するため
耐火構造にしている

6 | 乳児室と保育室は、透けた建具で視線がつながる。乳児室は床暖房を設けている

8 | クッション材の腰壁の保育室

9 | 夜間保育の部屋は住宅のようなしつらえ

7 | 乳児室は畳の部屋と低い棚で仕切っている

10 | 周囲を塀で囲った人工地盤の園庭

解説

高齢者施設

三浦研｜京都大学大学院工学研究科建築学専攻教授

高齢者施設の成立

わが国の高齢者施設は、戦後しばらく、一部の低所得者の収容保護を目的とした生活保護法に基づく養老施設が主であった。しかし、人口の都市集中やそれに伴う家族形態の変化など、高齢者を取り巻く状況の変化に伴い、要介護者への対応が求められるようになると、救貧政策で設立した養老施設や軽費老人ホームでは対応が難しく、新たに介護を目的とした施設を新設する必要が生じた。また、各種の老人ホームに関する法的規制を一元化する必要もあり、1963年に老人福祉法が制定され、特別な介護を提供する特別養護老人ホーム（以下、特養）、無料または低額な料金で暮らせる軽費老人ホーム、簡単な見守りを提供する養護老人ホームの3本柱に整理された。

当時の特養は、1人当たりの居室面積が4.95m²と狭く、8人部屋も許容された。住まいというより病院に近い器と見なされ、その建築は、寮母の介護導線、物品管理など、介護提供上の機能性や効率性について力点が置かれていた。

高度経済成長期には、民間による有料老人ホームがつくられるようになる。さらに、1973年の老人医療費の無料化に伴い、実際には治療をほとんど必要としない高齢者が老人病院へ長期間入院する社会的入院が課題となり、在宅復帰のためのリハビリ施設として、老人保健施設が1986年に創設された。

施設を住まいととらえる視点

1｜段階的な領域

1990年代に入ると居住性の向上がテーマになる。1989年に軽費老人ホームの新たな類型として、スウェーデンのサービスハウスを念頭に置いた個室を標準としたケアハウスが創設される。また、特養においても、全室個室に近い先進事例が登場する。1994年に竣工した「おらはうす宇奈月」は、全室個室に加えて、段階的な領域性が導入されて、その検証研究が外山義らによって実施された。

当時、部屋に高齢者が引きこもる、として個室化への危惧の声も大きいなかで、外山らは行動観察調査を繰り返し、新しい環境に慣れるにつれて、入居者の個室滞在率が減少することを示して、個室が利用者の引きこもりの原因になる懸念を払拭した。また、プライベート、セミプライベート、セミパブリック、パブリックの各領域における特徴的な使いこなし方から、施設空間における段階的な領域性の確保が高齢者の環境適応に重要であることを指摘し、以後、高齢者施設の設計における基本指針となった（橘・外山ほか、1999）。

2｜グループホーム

1990年になると、認知症グループホームが注目されるようになる。北欧での実践を参考にして、わが国でも公的支援に頼らず、民家などを用いて90年代半ばから試行されるようになる。このような草の根的な試行を経て、2000年の介護保険の創設時に、5−9名の利用者を原則、個室でケアする認知症グループホームが制度化された。

少人数の入居者と専門のスタッフで構成されるグループホームでは、たとえ認知症の高齢者が相手の名前を覚えられなくても、顔なじみの関係を形成しやすい。家庭に近い雰囲気において個別的なケアを提供することで、認知症の問題行動とされる行為の減少につながった［図2］。なじみの環境の医療や介護に勝るとも劣らぬ重要性が認識されることで、この後のユニットケアに影響していく。

3｜ユニットケア

認知症グループホームの制度化とほぼ時を同じくして、大規模施設においても同様のケアを希望する法人が現れ、自主的に10−20人前後のグループケアを提供する動きが1990年代末ごろに現れる。背景には、グループホームの実践や、北欧で既存の大規模施設を改修してユニット化する動きがあった。そうしたなかで、特養「飛騨寿楽苑」［図3］の建替えが利用者に及ぼした効果から、厚生労働省は特養の個室ユニット化を決断。2002年度に制度化された。

一方、2006年には、在宅で24時間ケアするわが国独自の小規模多機能型居宅介護が制度化されたほか、地域密着

図1｜高齢者施設・住宅の歴史（概略）

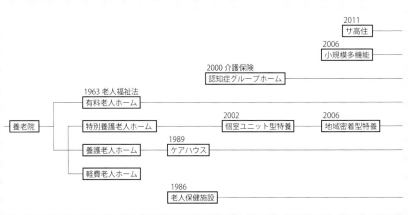

型サービスの一類型として、定員29名以下の地域密着型特養が創設された。個室ユニット型特養の一部ユニットを地域に分散配置する形態の成立である。こうして、グループホームの登場から10年で、高齢者施設は個室ユニットの形態に集約されていく。

___

4｜サービス付き高齢者向け住宅

このように1990年代以降の高齢者施設が住まいに近づいたのに対して、住まいに介護力をつける動きも2000年代以降見られるようになる。2011年に制度化されたサービス付き高齢者向け住宅（以下、サ高住）がわかりやすい例だろう。サ高住は、見守りや食事などの生活支援を提供したうえで、在宅介護サービスを利用しながら地域に住み続けられる高齢者向けの賃貸住宅であり、現在までに約27万戸が整備されている。見守り付きの住宅を用意して、そこに必要な介護を外付けすることで、住まいと介護の自由な組み合わせの実現が期待されている。

___

掲 載 事 例 の 総 評

___

3-1 清泉

談話コーナーを中心に配置された居室が、外に視界を確保しながら、それぞれの居室へのアプローチを画一的にせずに、認知症の高齢者が自室を特定しやすくしている。中庭に開かれ、随所から外部の緑に視線の広がるレイアウトは、居住者に位置、方位、時間や季節感覚を伝えるのに適している。また、廊下はヒューマンスケールを逸脱しないように天井の操作とともに視線の通り方がコントロールされている。p.79の写真6にあるように、共用空間における多様な距離感は、さまざまな関係性を成立させるうえで効果的だろう。

___

3-2 いずみ池上の里

各居室に千代紙をアクセントとした小窓を用意して、自室を識別しやすくすると同時に、個室と共用空間のゆるやかな連続性が意図されている［p.83、写真8］。また、スタッフルームも特徴的である。一般的に、共用空間に臨むスタッフルームの配置は、監視しているかのような印象を与えるが、ここではカウンターや建具の表情、照明、家具の選定、白く塗装された丸柱の妙が、リビングの延長のような雰囲気をつくり出すことに成功している［p.83、写真3］。

___

3-3 ふれ愛の館しおん

他の2事例に比べて面積の制約が強く、一般的な設計者の手に委ねられたら、狭く息苦しい設計になったのではないか。これ以上に削ることのできない面積に、のびやかなヒューマンスケールのユニットを実現させた設計者の力量に驚かされる。その要因は、勾配天井を含む天井面の操作や切り替えと、格子のスクリーン、廊下にも敷き詰められた畳が、続き間が連続するかのような視覚的効果をもたらして、空間に奥行きと広がりを与えている点にある。また、台所を中心としたコンパクトな共用空間は、介護職員による見守りにも合理的で、利用者にとっても安心感を期待できる。なお、この台所では、買い物から調理まですべてユニットの介護職員が担当する質の高いケアが実現している。制度化から20年近く経過したユニットケアの1つの金字塔といえる。

___

3つの作品に共通するのは、素材、色、ディテールの妙に加えて、天井面の操作である。見守りとバリアフリーが前提となる高齢者施設は、壁による仕切りや床レベルの操作による空間のメリハリをつくりにくい。3つの作品は、平面図に現れない操作で質の高い居場所を創出している。

高齢者施設は、現場で丁寧なコミュニケーションを積まなければ、つくるべき建築が見えてこない。いずれの建築も密度高く設計されているのは、北欧も含めた最新の知見を計画に取り入れた、その計画力によるところも大きい。

___

参考文献
橘弘志・外山義ほか「特別養護老人ホーム入居者の個人的領域形成と施設空間構成－個室型特別養護老人ホームの空間構成に関する研究その2－」日本建築学会計画系論文集 第523号 pp.163－169 1999年9月

___

図2｜グループホーム「こもれびの家」平面図。以後の高齢者施設の計画に大きな影響を与えた

図3｜特養「飛騨寿楽苑」の2階平面図。初期個室ユニットの形

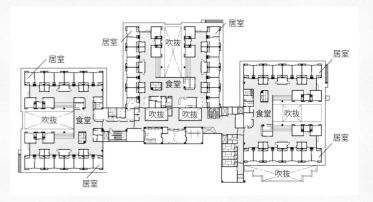

3-1

段階的な共用空間で生活の質を高める

清泉

DATA｜名称：清泉／種別：認知症対応型共同生活介護（グループホーム）／定員：9名×2／所在地：大阪府堺市／
建築主：医療法人錦秀会／敷地面積：2,024㎡／建築面積：702㎡／延床面積：634㎡／構造：木造／階数：地上1階／
工期：2004年3月−9月

1｜東側外観。片流れ屋根を組み合わせ壁面を分割することで建物のスケール感を落としている。透けた塀で外部とのつながりをもたせる

計画概要

療養型病院の敷地内に2つの高齢者グループホームを計画した。泉北ニュータウンを一望する高台に立地し、北側は雑木林が四季折々の表情を見せる。敷地に余裕があったことから平屋建ての木造建築とし、事務室を共用することで効率化を図った。

配置計画：
中庭を囲んだ2つの住まい

アプローチの正面に事務室を置き、左右にある玄関から各ホームに入る。2つのホームが中庭を取り囲み、それぞれの食堂が中庭を挟んで見通せるよう計画した。食堂・居間の共用空間を中心に居室ゾーンを2つに分け、眺望の良い敷地南西側に多くの居室を配するとともに、すべての居室ゾーンが庭と一体となるよう計画した。

平面計画：居場所が選択できる
段階的共用空間

他人同士でありながら家族のように暮らすグループホームでは、プライバシーの確保と共用空間の居心地のよさが重要である。ここで

は、入居者が居場所を選択できるよう段階的な共用空間を計画した。

4−5室の居室で構成される居室ゾーンの中に、談話コーナーを設け、少人数の居場所をつくった。ホームの中心にある共用ゾーンは、居間と食堂がゆるやかにつながる開放的な空間である。居間と廊下の間に格子の衝立を立てて、居心地のよさと見通しのよさを図っている。

さらに、玄関の横には家族の宿泊や季節の行事に利用できる和室を設け、床の間や縁側をしつらえてお月見やひな祭りなどになじむ空間とした。

プライバシーの確保については、居室の前にアルコーブを設けて、入口が廊下に直接面さないよう計画した。居室は廊下に面して小窓を設け、外の気配を感じられるようにしている。

中庭を生活の中心に据える

中庭は入居者が日常的に利用することを想定して、室内からテラスへ段差なく出られるよう計画した。室内への雨水の浸入を防止するために建物の周囲に排水のための側溝を設けている。

中庭では入居者が職員と一緒に洗濯物を干したり野菜を育てたり、また、餅つきなどの行事を2つのホームが一緒に行うなど、屋外の生活空間として有効に活用されている。夕食時には向かいのホームの様子を見ながら「うちもそろそろ食事にしましょうか」と話しかけるなど、中庭を介して生活のぬくもりが感じられる。

職員の負担を軽減する動線

入居者に行き届いたケアを提供するためには、職員の負担を軽減することも重要である。職員が効率的に作業できるよう、管理部分や水回りの配置を計画した。

2つのホームで共用する事務室は相談室と宿直室がコンパクトにまとまる機能的な空間である。事務室の窓から来訪者が確認でき、各玄関に直接出て行くことができる。玄関は高齢者が靴を履きやすいようベンチや手すりを設けてゆったりした広さを確保し、隣の和室との間に障子戸を設けて見守りやすくしている。台所は入居者も参加できるオープンキッチンで食堂と一体となっており、浴室と洗濯室も共用部分につながり、食事や入浴の移動にかかる職員の負担を軽減している。

配置図兼平面図｜1/300

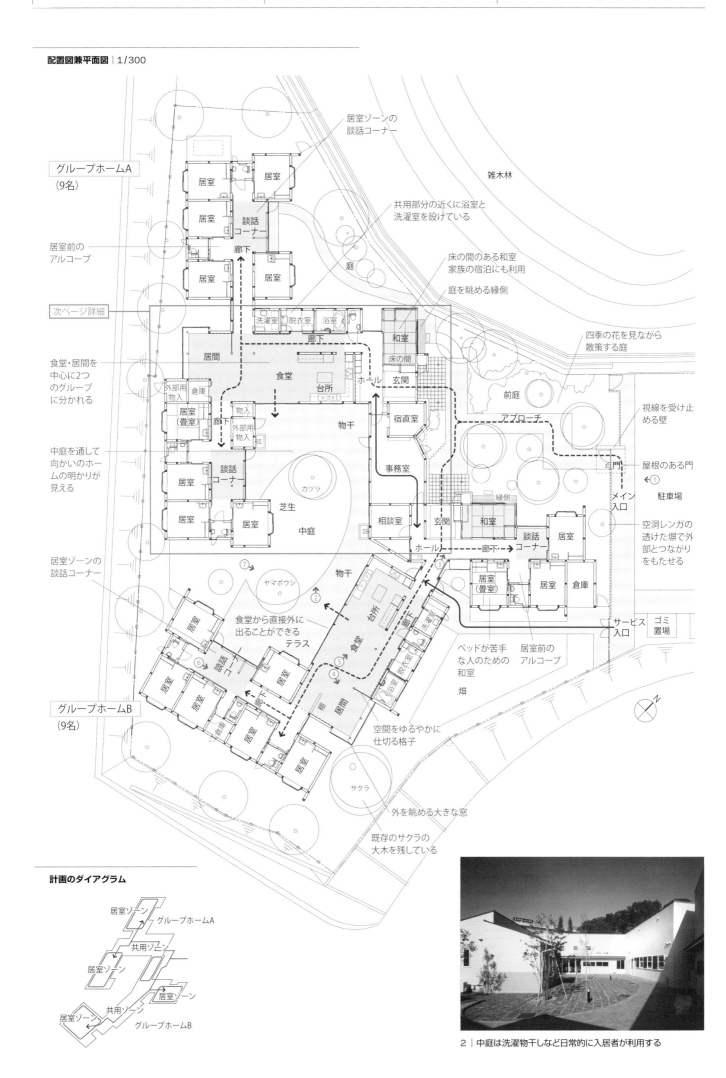

グループホームA
（9名）

居室ゾーンの
談話コーナー

雑木林

共用部分の近くに浴室と
洗濯室を設けている

居室前の
アルコーブ

次ページ詳細

床の間のある和室
家族の宿泊にも利用

庭を眺める縁側

四季の花を見ながら
散策する庭

食堂・居間を
中心に2つ
のグループ
に分かれる

中庭を通して
向かいのホー
ムの明かりが
見える

居室ゾーンの
談話コーナー

視線を受け止
める壁

屋根のある門
←①

メイン
入口

駐車場

空洞レンガの
透けた塀で外
部とつながり
をもたせる

洗濯室　脱衣室　浴室

和室

床の間

居間

食堂

台所

ホール

玄関

外部用
物入

倉庫

居室
（畳室）

物入

外部用
物入

廊下

物干

宿直室

アプローチ

前庭

事務室

談話
コーナー

居室

居室

芝生

カツラ

中庭

相談室

玄関

ホール

縁側

和室

廊下

談話
コーナー

居室

居室
（畳室）

居室

倉庫

サービス
入口

ゴミ
置場

食堂から直接外に
出ることができる

ヤマボウシ

物干

テラス

台所

廊下

食堂

居室

談話
コーナー

居室

居室

居室

廊下

居室

居室

居間

棚

ベッドが苦手
な人のための
和室

居室前の
アルコーブ

畑

グループホームB
（9名）

空間をゆるやかに
仕切る格子

外を眺める大きな窓

既存のサクラの
大木を残している

サクラ

計画のダイアグラム

居室ゾーン　グループホームA

共用ゾーン

居室ゾーン

居室ゾーン

共用ゾーン　グループホームB

2｜中庭は洗濯物干しなど日常的に入居者が利用する

中庭を生活の中心に据える

グループホームA平面図 | 1/150

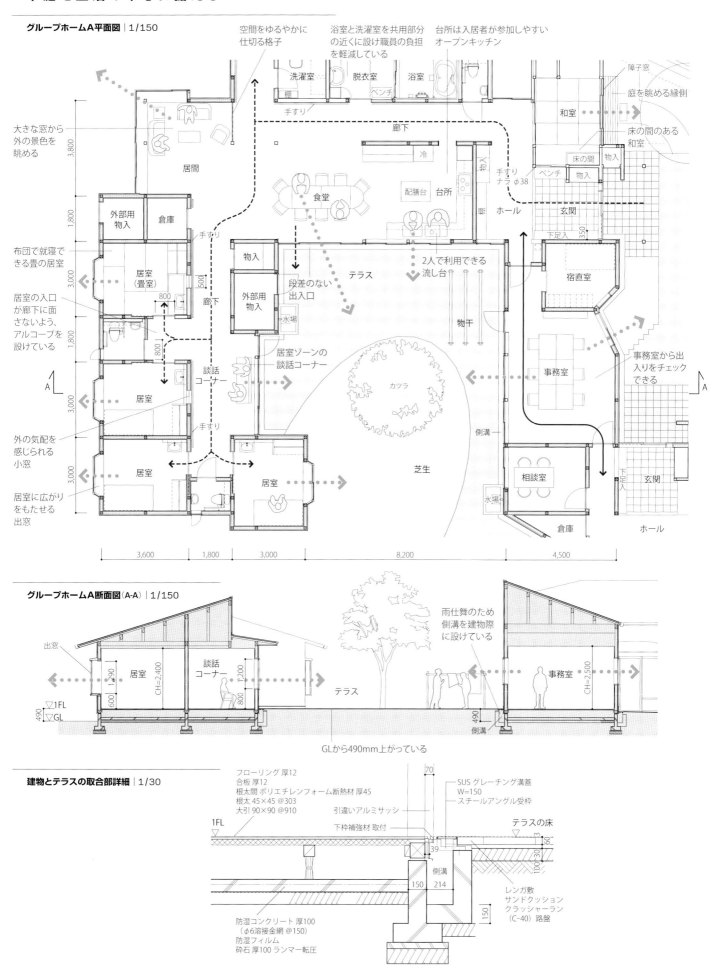

空間をゆるやかに仕切る格子

浴室と洗濯室を共用部分の近くに設け職員の負担を軽減している

台所は入居者が参加しやすいオープンキッチン

大きな窓から外の景色を眺める

布団で就寝できる畳の居室

居室の入口が廊下に面さないよう、アルコーブを設けている

外の気配を感じられる小窓

居室に広がりをもたせる出窓

洗濯室　脱衣室　浴室　棚　ベンチ
手すり　廊下　冷　配膳台　台所　手すりナラ φ38
ホール　玄関　下足入　宿直室
障子窓　庭を眺める縁側　和室　床の間のある和室　床の間　物入　ベンチ　物入
居間　外部用物入　倉庫　食堂　物入　外部用物入　水場　テラス　2人で利用できる流し台　物干
居室（畳室）　廊下　談話コーナー　居室ゾーンの談話コーナー　カツラ　芝生
居室　居室　相談室　水場　倉庫　事務室　ホール
事務室から出入りをチェックできる
段差のない出入口

3,800　1,800　3,000　3,000　3,000
3,600　1,800　3,000　8,200　4,500
800　500　800　350

グループホームA断面図（A-A） | 1/150

出窓　居室　CH=2,400　談話コーナー　テラス　事務室　CH=2,500
1,290　600　1,200　800　490　490
▽1FL　▽GL　490　側溝

雨仕舞のため側溝を建物際に設けている

GLから490mm上がっている

建物とテラスの取合部詳細 | 1/30

フローリング 厚12
合板 厚12
根太間 ポリエチレンフォーム断熱材 厚45
根太 45×45 @303
大引 90×90 @910

70
引違いアルミサッシ
下枠補強材 取付
1FL
39
側溝
150　214
防湿コンクリート 厚100
（φ6溶接金網 @150）
防湿フィルム
砕石 厚100 ランマー転圧
400

SUS グレーチング溝蓋 W=150
スチールアングル受枠
テラスの床
3　60　100-30
レンガ敷
サンドクッション
クラッシャーラン
（C-40）路盤
150

3 | 玄関と和室、靴を履くためのベンチなど、全体で和の趣をもたせている

4 | グループホームBの居間。大きな窓から外の景色を眺められる

5 | オープンキッチンのある食堂

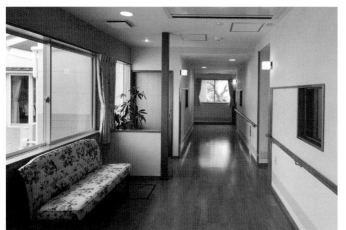

6 | 居室ゾーンの談話コーナー。居室入口とは腰壁で仕切っている

7 | 中庭越しに向かいのホームの明かりが眺められ、温かさを共有できる

3-2

複数の居場所で入居者の生活にゆとりをもたせる

いずみ池上の里

DATA｜名称：いずみ池上の里／種別：認知症対応型共同生活介護（グループホーム）／定員：9名×2／所在地：大阪府和泉市／建築主：医療法人新仁会／敷地面積：735㎡／建築面積：373㎡／延床面積：698㎡／構造：鉄骨造／階数：地上2階／工期：2010年9月–2011年3月

1｜道路に面して園芸ができる広いテラスを設けている

2｜玄関へのアプローチは、ゆるやかなスロープとなっている

計画概要

特定医療法人が運営する認知症高齢者のグループホームである。小学校の通学路に接する敷地条件を生かし、地域に溶け込む高齢者の住まいを計画した。1階と2階にそれぞれ9人の高齢者が生活する。

配置計画：
通学路に沿ったアプローチ

敷地は間口46m、奥行き17mの細長い形状で、北側を小学校の校庭に面している。建物の中央に玄関と共用ゾーンを置き、門から小学校通学路に沿ってゆるいスロープのアプローチを設けた。長いアプローチにより1階の床高（GL＋400mm）を吸収している。アプローチの両側にはナンテンやウメなどを植えて路地のような趣をもたせた。

玄関は2つのホームで共有し、1階と2階を同じプランとすることで建築費のローコスト化を図った。

平面計画：ゆるやかにつながる
食堂・居間・スタッフルーム

共用ゾーンは低いカウンターで仕切ったスタッフルームと居間・食堂がつながる空間である。共用ゾーンを挟んで居室ゾーンを2方向に分けることで、長い廊下が続かないよう配慮した。

食堂は日当たりの良い南側にとり、道路に面したテラスには花壇を設けて屋外活動の場とした。台所は入居者が参加できるオープンタイプとしている。

居間は傾斜のついた天井で落ち着いた雰囲気をもたせた。居間からは小学校の校庭を眺めることができる。

また、門の近くに通学路が見える小さな談話室を設けた。複数の居場所を用意することで入居者の生活にゆとりをもたせることを意図している。

プライバシーと見守りのある居室

居室は廊下のアルコーブに面して入口を設けることによりプライバシーを高め、入居者が廊下の気配を感じられるよう窓を設け、自分で開閉できるカーテンを付けた。入口には職員の見守り用小窓を設けている。

家具を持ち込まなくても生活できるよう、居室内には天井までのクローゼットと洗面台を備えている。

設備関係の配慮

汚物臭のない施設にしてほしいとの施主の要望を受け、換気計画を行った。脱衣室に隣接して洗濯室を設けてその中に汚物保管庫をつくり、庫内を負圧にしてダクトにより臭気を屋根上に抜いている。

また、高齢者にやさしい温熱環境をつくるため、床下断熱材、屋根裏吹付断熱、外壁は2重の断熱を施し、建物全体の断熱性能を高めている。暖房については、居室と共用空間は床暖房を備え、脱衣室は輻射式パネルヒーターとした。夏は冷房により体が冷えないよう壁付け扇風機を取り付けており、脱衣室前の廊下に空調機を付けている。

浴室内の手すりの位置は、施設職員が工事現場に立ち会い決定した。シャワーは入口近くに立位で利用するものと、浴槽横に座位で利用する2台を設置。浴槽は2方から介助できる（詳細はp.94参照）。

配置図兼1階平面図 | 1/100

2階平面図 | 1/400

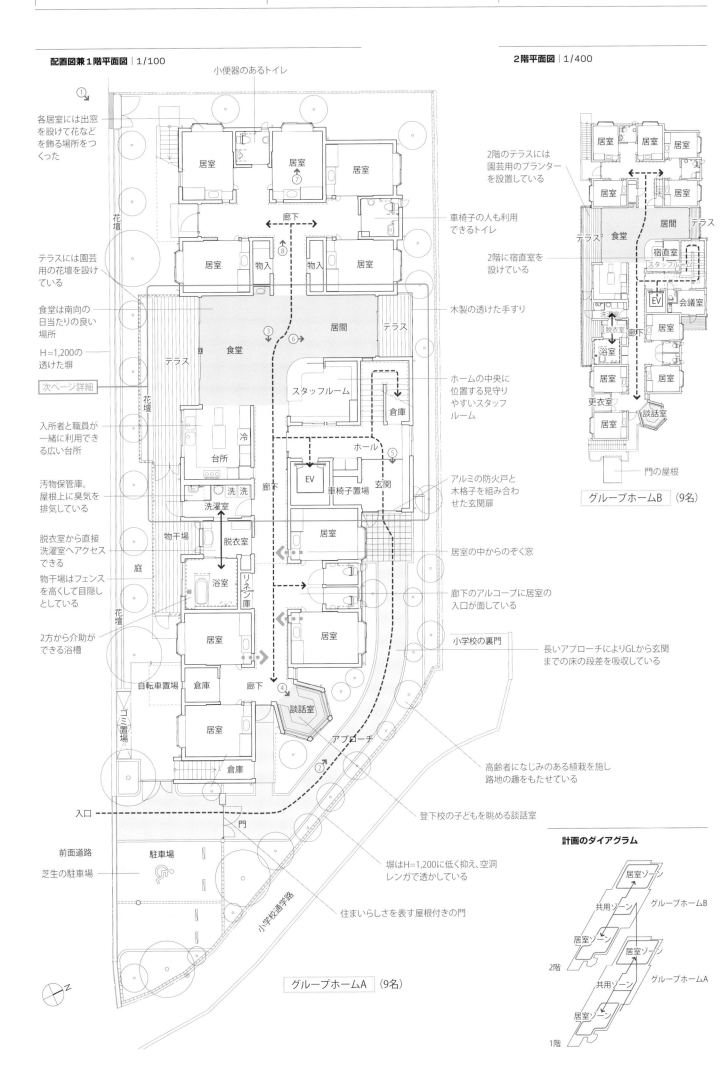

小便器のあるトイレ

各居室には出窓を設けて花などを飾る場所をつくった

居室

居室
⑦

居室

廊下

車椅子の人も利用できるトイレ

花壇

テラスには園芸用の花壇を設けている

居室

物入

物入

居室

食堂は南向きの日当たりの良い場所

食堂

⑧

居間

テラス

木製の透けた手すり

H=1,200の透けた塀

テラス

次ページ詳細

花壇

スタッフルーム

倉庫

ホームの中央に位置する見守りやすいスタッフルーム

入所者と職員が一緒に利用できる広い台所

冷

台所

洗 洗

ホール

⑤

EV

汚物保管庫。屋根上に臭気を排気している

洗濯室

廊下

車椅子置場

玄関

アルミの防火戸と木格子を組み合わせた玄関扉

物干場

脱衣室

居室

居室の中からのぞく窓

脱衣室から直接洗濯室へアクセスできる

庭

浴室

リネン庫

廊下のアルコーブに居室の入口が面している

物干場はフェンスを高くして目隠しとしている

花壇

居室

居室

小学校の裏門

2方から介助ができる浴槽

自転車置場

倉庫

廊下

④

ゴミ置場

談話室

アプローチ

長いアプローチによりGLから玄関までの床の段差を吸収している

入口

居室

倉庫

②

高齢者になじみのある植栽を施し路地の趣をもたせている

門

登下校の子どもを眺める談話室

前面道路

駐車場

芝生の駐車場

塀はH=1,200に低く抑え、空洞レンガで透かしている

住まいらしさを表す屋根付きの門

小学校通学路

グループホームA（9名）

2階のテラスには園芸用のプランターを設置している

居室

居室

居室

居室

居室

居間

テラス

食堂

2階に宿直室を設けている

宿直室

スタッフルーム

テラス

EV

会議室

居室

脱衣室

浴室

居室

更衣室

居室

談話室

門の屋根

グループホームB（9名）

計画のダイアグラム

居室ゾーン

共用ゾーン

グループホームB

居室ゾーン

居室ゾーン

2階

共用ゾーン

グループホームA

居室ゾーン

1階

ゆるやかにつながる食堂・居間・スタッフルーム

エレベーターホール・スタッフルーム・居間断面図（A-A）│1/80

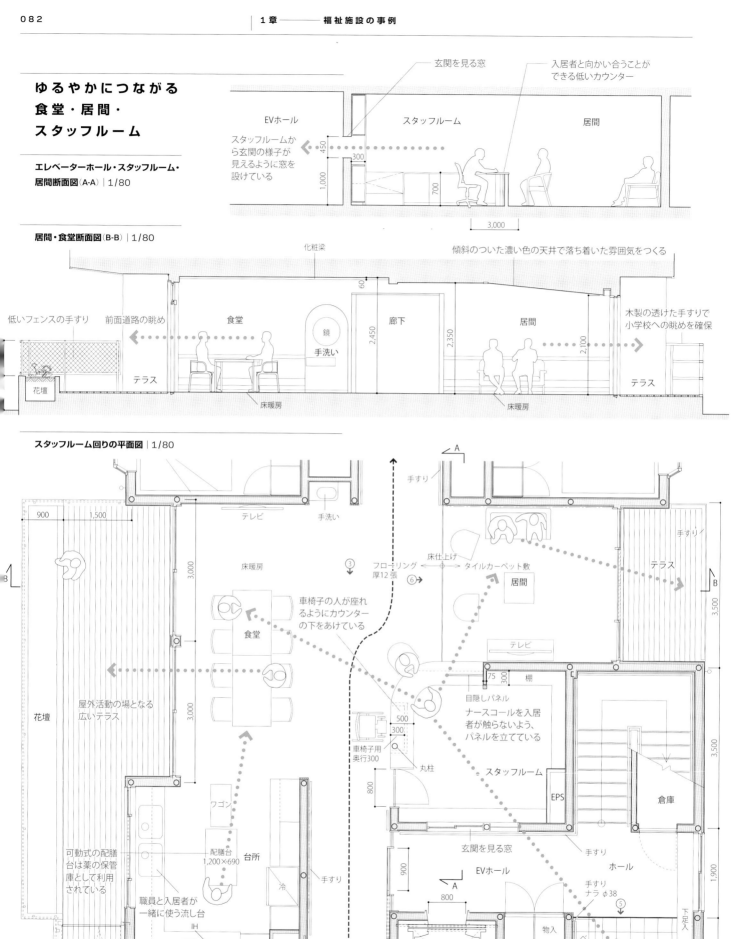

玄関を見る窓

入居者と向かい合うことができる低いカウンター

EVホール

スタッフルーム

居間

スタッフルームから玄関の様子が見えるように窓を設けている

450
300
1,000
700
3,000

居間・食堂断面図（B-B）│1/80

化粧梁

傾斜のついた濃い色の天井で落ち着いた雰囲気をつくる

低いフェンスの手すり

前面道路の眺め

食堂

鏡
手洗い

廊下

居間

木製の透けた手すりで小学校への眺めを確保

テラス

花壇

床暖房

床暖房

テラス

60
2,450
2,350
2,100

スタッフルーム回りの平面図│1/80

900　1,500

テレビ

手洗い

手すり

手すり

テラス

A

床暖房
3,000

車椅子の人が座れるようにカウンターの下をあげている

食堂

③
フローリング厚12張

⑥

床仕上げ
タイルカーペット敷

居間

テレビ

花壇

屋外活動の場となる広いテラス

3,000

ワゴン

配膳台
1,200×690

台所

冷

手すり

目隠しパネル
ナースコールを入居者が触らないよう、パネルを立てている

75 300 棚

500
300

車椅子用
奥行300

800

丸柱

スタッフルーム

EPS

倉庫

可動式の配膳台は薬の保管庫として利用されている

職員と入居者が一緒に使う流し台

IH

PS

玄関を見る窓

手すり

900

EVホール

A

ホール

800

手すり
ナラφ38

⑤

汚物の臭気を屋根上に排気している

SK 棚

SK 洗 洗

汚物保管庫

850

洗濯室

脱衣室

廊下

EV
11人乗

物入

PS

上部吊戸 手すり

車椅子置場

木製格子戸

ベンチ

玄関

下足入

360

2,700

1,900

3,500

3,500

3 ｜ 食堂から廊下を見る。スタッフルームのカウンターは入居者と向かい合えるよう低くしている

4 ｜ 登下校の子どもを眺める談話室

5 ｜ 玄関扉はアルミ防火戸と木格子を組み合わせている

6 ｜ 居間は天井に傾斜をつけ、床仕上げを変えて落ち着いた雰囲気としている

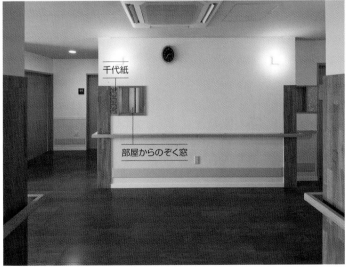

千代紙

部屋からのぞく窓

7 ｜ 各居室には出窓を設けて花などを飾る場所としている

8 ｜ 居室ゾーンの廊下。各室異なる柄の千代紙を貼っている

3-3

乳児から高齢者までの地域の福祉を担う

ふれ愛の館しおん

DATA｜名称：ふれ愛の館しおん／種別：地域密着型特別養護老人ホーム（定員：29名）／併設施設：乳児院（定員：35名×2施設）、保育所（定員71名）／所在地：大阪市住吉区／建築主：社会福祉法人四恩学園／敷地面積：2,451.34m²／建築面積：1,446.62m²／延床面積：4,541.51m²／構造・階数：1号館 鉄骨造地上5階、2号館 鉄筋コンクリート造地上3階／工期：2017年9月─2019年3月

1｜塀のない建物で地域に溶け込む

計画概要

0歳から100歳を超える地域共生の砦として、多様な福祉施設を運営してきた法人が、定員90名の乳児院と定員60名の保育所（乳児保育園）の建替えを行った。乳児院は小規模化を図るため、新たな施設を創設し定員35名の2つの乳児院を別棟とすることが市から求められた。乳児保育園はニーズに合わせ定員を71名に増員し、加えて地域の高齢者へのサービスを提供するため定員29名の地域密着型特別養護老人ホームを計画した。建替え中の乳児の居場所を確保するため、工事を2期に分け、1期工事で1号館（乳児院、特養）、2期工事で2号館（乳児保育園、乳児院）を建設した。

配置計画：2つの棟を建て
中庭を憩いの場とする

敷地は隣地の3号館と一体的に活用されており、今回の建替えは東側の1号館、2号館が対象である。1号館は1フロアに特養を2ユニット並べ、居室と共同生活室の採光を確保するために南北の敷地いっぱいに建物を配置した。2号館は1階に乳児保育園を配置し、3号館の保育園と一体に運営できるよう計画した。1、2号館の間には自然の雑木が茂る中庭を計画、既存のお地蔵様や観音様を設置し高齢者や乳児の憩いの場とした。

平面計画（1号館）：地域との
交流の場「あびんCOハウス」

1階は事務管理関係と厨房、診療所、乳児院の面会室が入る。前面道路に面しては特養と乳児院共用の地域交流ホール「あびんCOハウス」を設けており、法人が長年続けている地域の人を対象としたさまざまなイベントが開催されている。

2階は乳児院の専用フロアで6つのユニットに乳児が生活する。専用のエレベーターを設けて特養との動線を分けている。3階は特養の2ユニット、4階は特養の1ユニットと特殊浴室、会議室などがある。5階は業務用洗濯機を備えた洗濯室（専用のリフトあり）、職員更衣室、職員寮などがある。

台所を中央に回遊する空間

特養のユニットは、スタッフの活動拠点となる台所を中央に構え、周囲に居室と共同生活室を配置し回遊できる空間とした。居間・食堂に当たる共同生活室に面してはカウンターを設け、背面となる居室側には連続する開口を開けて死角をなくした。程よい広さの空間が居心地のよさを感じさせ、視覚的につながることで、開放感と安心感をもたせている。居室は大阪市の基準により13.2m²を確保し、洗面コーナーを設けている。

乳児にも馴染む和のしつらえ

高齢者の転倒による骨折を防ぐことと、同じ建物に生活する乳児が遊びに来たときに、同じ目線で床座りができることを重視し、居間と廊下全体を畳仕上げとした。居室および食卓部分と手洗いなどの水回りはフローリング仕上げとしている。

ユニットの入口は格子と玄関灯のある和のデザインとし、居間の部分は勾配天井にして高さを抑えることで落ち着いた雰囲気をもたせた。居室はプライバシーを守りつつ室内の気配を伝えるよう、入口の扉の一部を格子にして半透明のポリカーボネートを入れている。

2｜中庭は雑木が茂る憩いの場

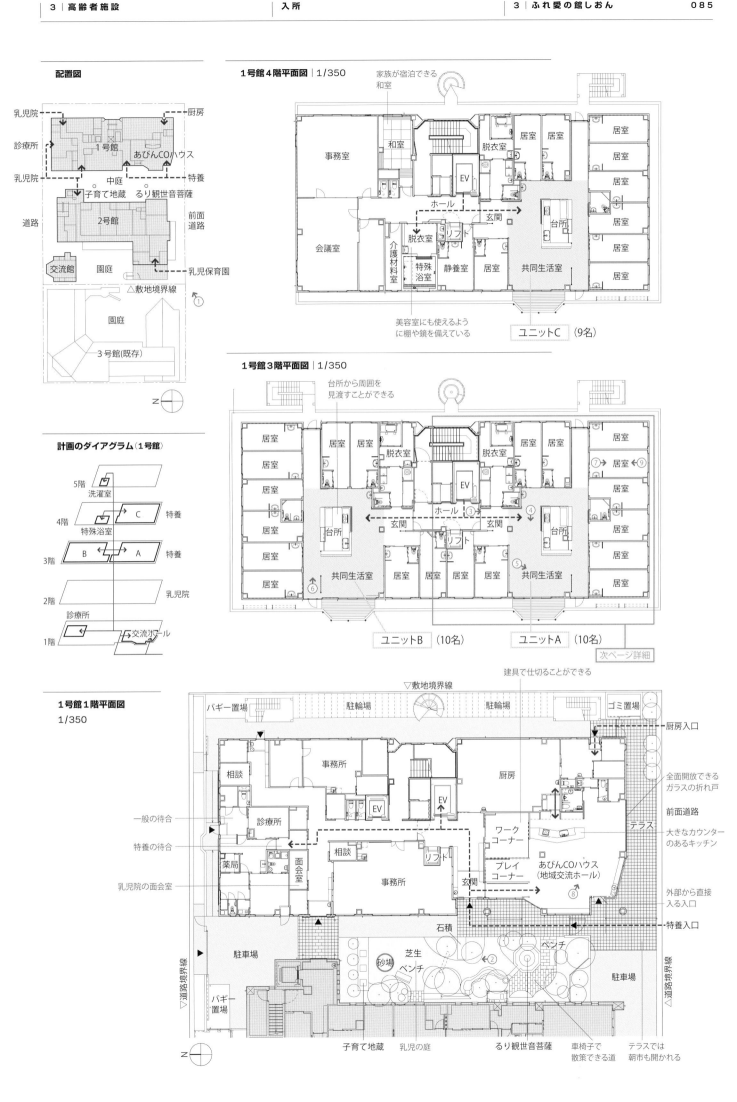

配置図

乳児院
診療所
1号館
あびんCOハウス
厨房
乳児院
特養
中庭
子育て地蔵　るり観世音菩薩
道路
2号館
前面道路
交流館　園庭
乳児保育園
△敷地境界線
園庭
3号館(既存)

計画のダイアグラム（1号館）

5階　洗濯室
4階　特殊浴室　C　特養
3階　B　A　特養
2階　乳児院
診療所
1階　交流ホール

1号館4階平面図 | 1/350

家族が宿泊できる和室
事務室　和室　脱衣室　居室　居室　居室　居室
EV　居室　居室
ホール　玄関　台所　居室
会議室　脱衣室　居室
介護材料室　特殊浴室　静養室　居室　共同生活室　居室
リフト
美容室にも使えるように棚や鏡を備えている
ユニットC　（9名）

1号館3階平面図 | 1/350

台所から周囲を見渡すことができる
居室　居室　居室　脱衣室　脱衣室　居室　居室　居室
居室　EV　居室
台所　ホール　玄関　玄関　台所
居室　リフト　居室
共同生活室　居室　居室　居室　居室　共同生活室　居室
居室　居室
ユニットB　（10名）　ユニットA　（10名）
次ページ詳細

1号館1階平面図
1/350

建具で仕切ることができる
▽敷地境界線
バギー置場　駐輪場　駐輪場　ゴミ置場
厨房入口
相談　事務所　厨房
全面開放できるガラスの折れ戸
EV　EV
前面道路
一般の待合
診療所　相談　ワークコーナー
テラス
特養の待合
大きなカウンターのあるキッチン
薬局　面会室　相談　リフト　プレイコーナー　あびんCOハウス（地域交流ホール）
事務所　玄関
乳児院の面会室
外部から直接入る入口
石積
特養入口
駐車場
芝生
砂場　ベンチ
ベンチ
バギー置場
駐車場
子育て地蔵　乳児の庭　るり観世音菩薩　車椅子で散策できる道　テラスでは朝市も開かれる
▽道路境界線　△道路境界線

台所を中央に回遊する空間

台所・共同生活室断面図（A-A）│1/80

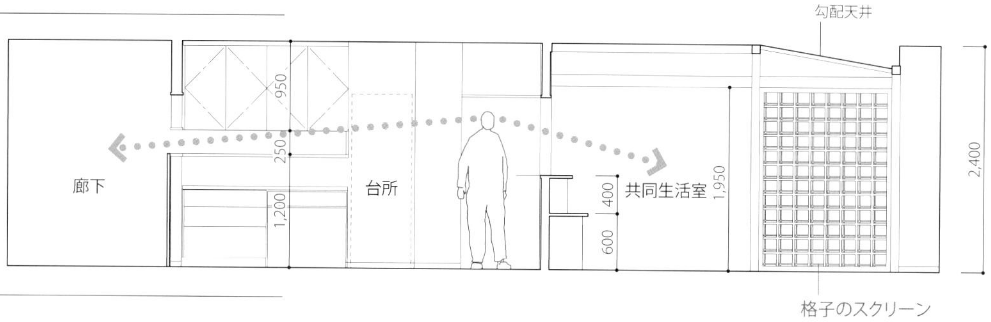

勾配天井

格子のスクリーン

廊下　台所　共同生活室

950　250　1,200　400　600　1,950　2,400

3階特養ユニットA平面図│1/100

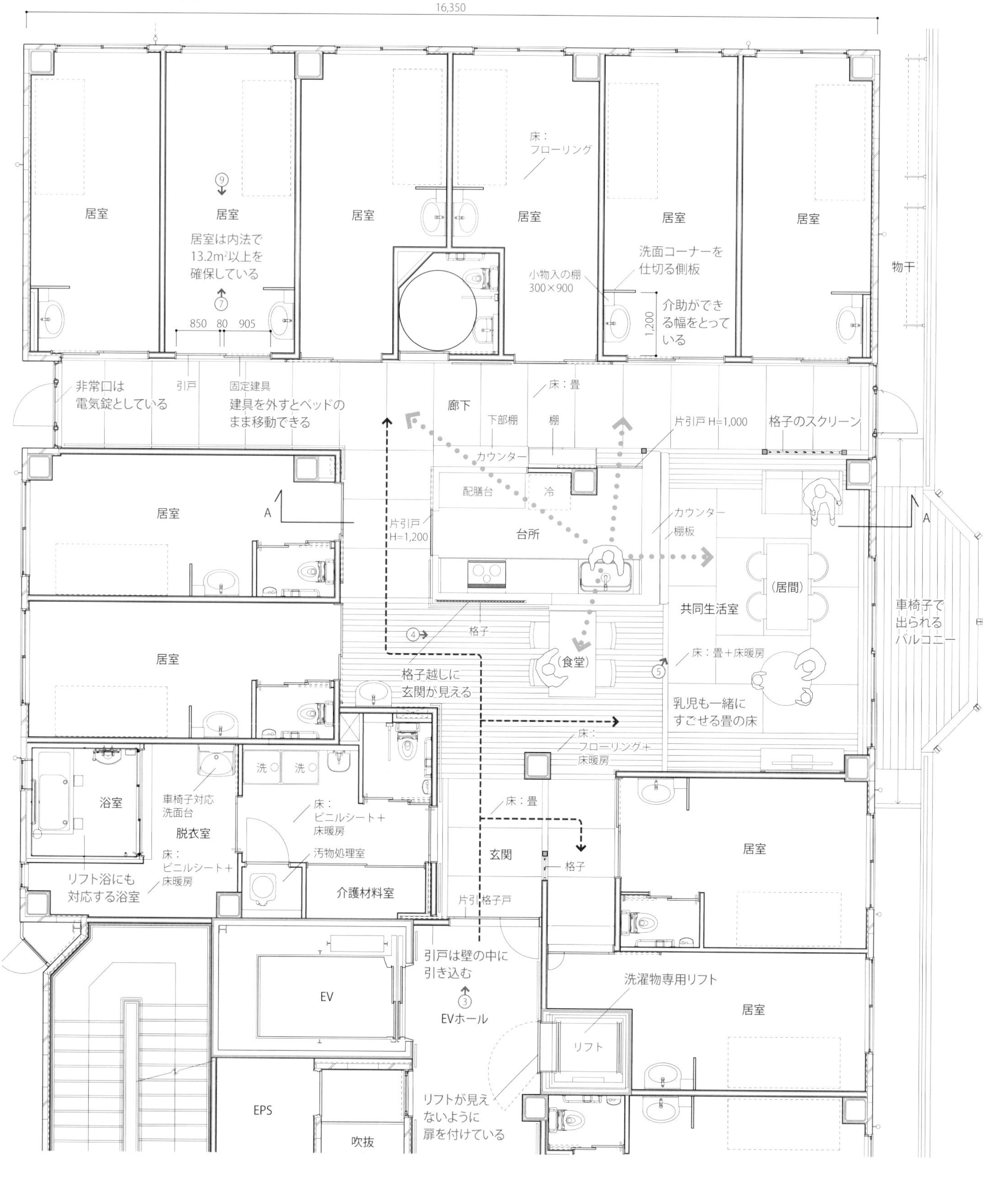

16,350

居室　居室　居室　居室　居室　居室

床：
フローリング

⑨

居室は内法で
13.2m²以上を
確保している

⑦

850　80　905

洗面コーナーを
仕切る側板

小物入の棚
300×900

介助ができ
る幅をとって
いる

1,200

物干

非常口は
電気錠としている

引戸

固定建具
建具を外すとベッドの
まま移動できる

廊下

下部棚　棚

床：畳

片引戸 H=1,000

格子のスクリーン

居室

A

カウンター

配膳台　冷

片引戸
H=1,200

台所

④

格子

居室

カウンター
棚板

（居間）

共同生活室

A

車椅子で
出られる
バルコニー

格子越しに
玄関が見える

（食堂）

⑤

床：畳＋床暖房

乳児も一緒に
すごせる畳の床

居室

浴室

車椅子対応
洗面台

洗　洗

床：
ビニルシート＋
床暖房

床：
フローリング＋
床暖房

床：畳

脱衣室

汚物処理室

リフト浴にも
対応する浴室

床：
ビニルシート＋
床暖房

介護材料室

玄関

格子

居室

片引格子戸

EV

引戸は壁の中に
引き込む

③

EVホール

洗濯物専用リフト

リフト

居室

EPS

吹抜

リフトが見え
ないように
扉を付けている

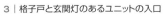

3｜格子戸と玄関灯のあるユニットの入口

4｜食堂から居間を見る。左手は台所の格子

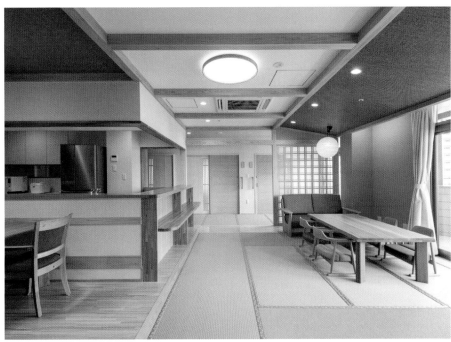

5｜台所を中央に構え、共同生活室側にはカウンターを設けている

6｜廊下も畳仕上げとしている

8｜1階の「あびんCOハウス」。地域との交流会やイベントが催される

7｜居室の内部。手前は洗面コーナー

9｜居室の入口。建具に格子を入れている

コラム

福祉施設のこれまでとこれから

大原一興｜横浜国立大学大学院都市イノベーション研究院教授

はじめに

それまでの高齢者居住施設の制度と建築の流れを概観した「住まいに向かう高齢者施設」をまとめたのが2004年のことであった。現在、日本建築学会の福祉施設小委員会でワーキンググループをつくり、障害者の施設などを含めた福祉施設の建築全般についての歴史を「地域に向かう福祉施設」というタイトルでまとめている作業中である。このタイトルに表されるように、近年の福祉施設の流れは、住宅化・地域化の流れとまとめることができよう。ここではごく簡単に、21世紀に入ってからの福祉施設のこれまでの流れを見てみることにしたい。

これまでの福祉施設とその流れ

① 21世紀に入った時点での福祉施設

特に高齢者施設においては、20世紀でのさまざまな試みのうえに、施設空間の改良が繰り返されてきた。その帰結点としての基本的視点は、個別ケアとユニットケアを支える空間づくりであり、これは身体的なケアに加えて必要となってきた認知症高齢者を配慮した空間であるともいえよう。1980年代ごろからさまざまな試行錯誤が繰り返され、個室化、個室的多床室、公私の段階的構成、地域密着などの試みとして、施設計画・設計として意欲的・実験的に取り組まれた時期を形成した。このことは、前述の報告書に詳しい。

さて、その帰結としての制度的なスタートは、2000年の介護保険制度施行・社会福祉事業法改正（社会福祉法）・交通バリアフリー法・児童虐待防止法などにあらわれ、高齢者介護保険の基礎つまり介護の市民化や社会福祉を、事業者構造（供給側）から尊厳や参加など利用者側へと視点を変える動きが始まったといえよう。さらに、2001年の高齢者居住安定法（のちに高齢者住まい法）・ICF採択（WHO）から、高齢者の居住施設がより住宅として位置づけられ、またICF概念の普及により、障害の概念に環境要因が大きく位置づけられた。

② 新たな試みは起こらなかった？ ゼロ年代

はなばなしくスタートを切るはずだった福祉施設は、施設空間にとって、実はそれほど大きな変革をもたらさなかった。試みられてきた施設の形態が普及に向かい、基礎的配慮が定着していった時期であり、むしろ設計的には画一化が進んできたようにすら見えた。実は制度的には、2003年性同一性障害（者）特例法・2004年発達障害者支援法・支援費制度、2005年障害者自立支援法（2006年施行）、2006年バリアフリー新法（義務化）、2007年国連障害者権利条約署名（2006年採択）・住宅セーフティネット法、2008年リーマン・ショック後の貧困と格差への対応、などと出来事は多かったのだが、介護保険制度の手法を障害者政策にも広げて適用しようという時期でもある。

③ この10年の動き

2010年代に入ってから、障害者福祉施策の分野では、2014年障害者権利条約批准に向けて多くの補填的な法的整備が実現化した。なかでも2012年障害者総合支援法で3障害の一元化、また2014年グループホームの一元化などから、個別の障害対応から福祉としての普遍的対応への理念転換が進められてきた。そこにきて、2011年の東日本大震災では、仮設住宅とサポート拠点づくりなどの課題が加わり、2011年高齢者住まい法改正（サービス付き高齢者向け住宅制度の創設）、2018年から共生型サービス（介護保険法、児童福祉法、障害者総合支援法の連携）開始など、よりいっそう社会において住宅整備の一般化、普遍化が進められた。最近の重要な理念の1つが、2017年地域包括ケア強化法にいたる後期高齢者医療まで含めた地域包括ケアの体制づくりといえ、2017年新たな住宅セーフティネット法の改正で空き家ストックへの注目が進んでいることと併せて、施設に期待するよりも、自立支援と共生を重視し地域やコミュニティの役割に期待する傾向がますます強まってきている。

これまでの制度の流れを見ると、障害者福祉では、供給（社会サービス提供）主体の姿勢から人権や当事者主体への流れ、多様な障害者の相互理解と共存を図る動きなどが進んだが、新しいビルディングタイプを大きく生み出すわけではなかった。むしろ一本化・標準化へと動いており、施設（特殊解）から住宅（普遍解）への流れ、また民間、市場への依存と公共住宅の撤退がその変化を支えてきている。

これからの福祉施設

さて、これからはどうなるか。今動きつつあることの延長で考えられることを列挙してみよう。特に地域包括ケアシステムに向けての展開、大都市における施設建設の工夫、民間活力による整備（サ高住）、住宅のバリアフリー化と資産活用、介護支援・予防のためのコミュニティ拠点づくりなどが課題となっている。

建築としてのトレンドでは、環境重視の建築、省エネルギーを支援する建築のあり方の追求、外部環境や自然環境、あるいは内外のつながりの重視、既存建物のリノベーション（改築・転用）、当事者参加と協働のデザインの強化・実践、スタッフのための働く空間およびアメニティの確保、などが課題と思われる。

おわりに

福祉施設は制度や職員の側から語られることが多いが、建築としての対応は、最終的に利用者の立場からの発想にある。本書で紹介する施設が実現してきたものは、まさに居住空間としての居心地であり、使いやすさという機能的側面に加えて占有性という帰属的側面をもち、自分がそこに住むとしたら、利用するとしたら、という視点を大事にして1点ずつ丁寧に設計されている。これらの建築の普遍的価値がより良い福祉施設の基本となることが求められている。

参考文献

「住まいに向かう高齢者施設」
日本の高齢者施設の計画史に関する研究報告書、
日本医療福祉建築協会、2004年11月

2章 ゾーンごとの計画のポイント

居室計画の
ポイント

入所型施設の居室は利用者のプライベート空間であり、高齢者や障害者のグループホームは個室が基本である。子どもの生活施設である児童養護施設では、中高生には個室が望ましいが、入所児童の年齢や状況に応じた居室計画が求められる。

ここでは、高齢者と障害者のグループホームにおける居室の具体的事例を挙げ、どのような配慮をしているか紹介する。

1 | 高齢者の居室

①外からの見守りの窓と
中から共用空間を見る窓

認知症の高齢者の居室は、プライバシーが重視される一方、見守りが必要なこともあり、ドアを開閉せずに安否を確認できるように、入口の扉に小窓を設けて、廊下側にカーテンを付けている。また、入居者が居室から共用空間の様子を見ることができるよう廊下に面して窓を開けている［図1、3、写真1］。

▌②家具

入居者が使い慣れた物を持ち込むことは、入所前の生活を継続するうえで重要である。洋服を入れるクローゼットなど最小限必要な収納はあらかじめ造作家具として壁面に備え付けておくと部屋がすっきりして使いやすい。事例では洗面と一体的にあつらえている［図2］。

▌③設備

歯磨きや手洗いなど、できるだけ自立した生活を続けるためには室内に洗面を設けておくとよい。給湯温度の調整やオーバーフロー機能のチェックなど安全性に対する配慮は欠かせない。床暖房や空調機の温度調整を利用者自身が行うことが難しい場合は、スタッフルームで集中管理をする。

2 | 知的障害者の居室

知的障害者のグループホームは障害が中軽度の人を対象としたものが主であったが、国の方針により新たな入所施設の建設が廃止され

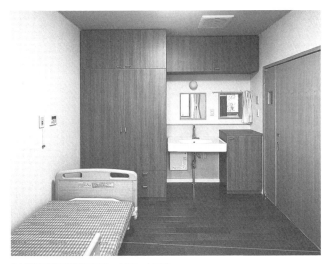

1｜認知症の高齢者のグループホーム居室。
カーテンを開けると廊下の様子が見える［**3-2** いずみ池上の里］

図1｜平面図［**3-2** いずみ池上の里］｜1/60

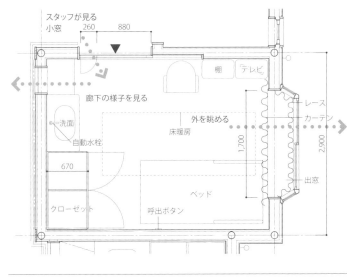

スタッフが見る小窓
260　880
廊下の様子を見る
外を眺める
洗面
自動水栓
床暖房
670
1,700
レースカーテン
2,900
出窓
クローゼット
ベッド
呼出ボタン
棚　テレビ

図2｜展開図［**3-2** いずみ池上の里］｜1/60　　　　**図3**｜展開図［**3-2** いずみ池上の里］｜1/60

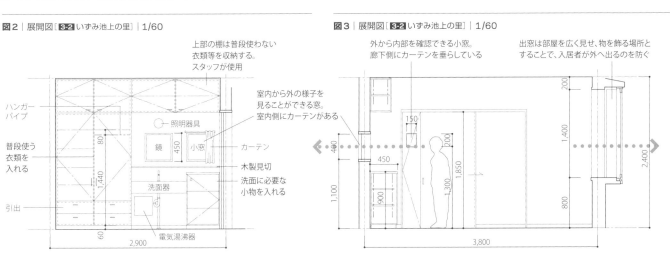

上部の棚は普段使わない
衣類等を収納する。
スタッフが使用

ハンガーパイプ

普段使う衣類を入れる

引出

照明器具
鏡　450　小窓
室内から外の様子を見ることができる窓。室内側にカーテンがある
カーテン
木製見切
洗面に必要な小物を入れる
洗面器
電気湯沸器
80
1,440
60
2,900

外から内部を確認できる小窓。廊下側にカーテンを垂らしている

出窓は部屋を広く見せ、物を飾る場所とすることで、入居者が外へ出るのを防ぐ

460
150
450
200
900
1,300
1,850
1,100
3,800
200
1,400
800
2,400

てからは、重度の人を受け入れるグループホームが計画されている。レジデンスなさはらの居室は、行動障害を伴う自閉症の人への対応として、標準仕様にオプションをつけ、1人ひとりに合わせた環境をつくっている[写真2、3]。オプションの内容は主に、音に敏感な入居者や大きな音を出す入居者への対応として防音機能をどの程度もたせるか、また、破損しにくい仕上げ材や設備に関することがある。表1にオプションの一覧を示す。図4、5はレジデンスなさはらの居室のオプション事例である。

2 | 居室の入口を見る。建具は木製でスライド式板戸の付いた小さなのぞき窓を設けている[1-1 レジデンスなさはら]

3 | テラスに出るアルミサッシは中桟を2本入れて補強している[1-1 レジデンスなさはら]

項目	標準仕様	オプション
アルミサッシ	木造用半外付けサッシ 中桟2本で補強	ビル用防音サッシ(T-2) 中桟2本で補強 強化ガラス 厚5
窓ガラス	強化ガラス 厚5	ポリカーボネート樹脂板 厚5
壁の構造	石膏ボード 厚12.5＋12.5 天井裏まで区画する	防音壁 グラスウール24kg/m³厚100 充填＋遮音パネル厚12.5＋ 石膏ボード 厚12.5 天井裏まで区画する
壁の仕上げ	壁紙(柄は選定)	シナ合板 厚9＋OC H＝1,900まで 上部は壁紙
建具	ベイマツ練付合板 厚6フラッシュOC	防音扉 ベイマツ練付合板 厚6 フラッシュOC＋建具内部グラス ウールボード32kg/m³厚25充填 ソフトクローズ吊金具
照明器具	直付けシーリング 壁付スイッチ＋リモコン	天井埋込型 プルスイッチ
カーテン	ボイル＋ドレープ	ボイル＋遮光カーテン 面ファスナーで装着
収納家具	W1,200×D600 ×H2,480	サイズ変更 鍵付
その他	ハンガー用長押取付	ピクチャーレール取付

表1 | 居室の標準仕様とオプション一覧

図4 | 平面図[1-1 レジデンスなさはら] | 1/60

オプション仕様の居室

音への対策は防音壁と防音扉を採用。破損対策としては、壁はプラスターボード2重張りの上に高さ1,900mmまでシナ合板張りで仕上げている。そのほか電気のスイッチプレートはカバー付き、窓サッシは中桟を2本に強化した標準仕様にガラス部分は割れないようオプションでポリカーボネートを使用している。

図5 | 平面図[1-1 レジデンスなさはら] | 1/60

音に非常に敏感な入居者の居室

前室と専用のトイレを設け廊下との間を2重に防音している。また、一度に複数の情報が目に入ることで混乱を生じることから、居室内を小さな部屋に仕切り、食事、休憩、就寝の場所を分けて、行為と空間を一致させている。

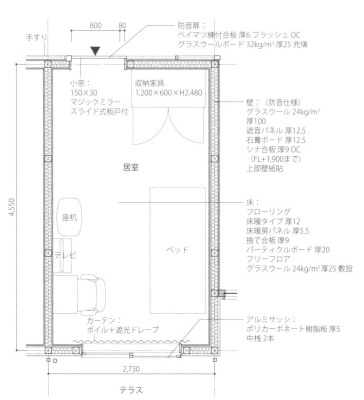

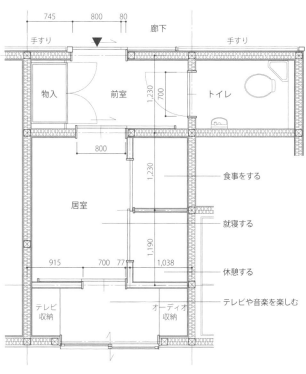

トイレ計画の
ポイント

福祉施設のトイレは車椅子利用者のための広さを確保したものがよく知られているが、ほかにも利用者によりさまざまな配慮が必要である。

1｜利用者に応じたトイレの計画

■ ①車椅子利用者のトイレ

図1−6は車椅子利用者を対象とした事例で、さまざまなタイプがある。図2は前向きに利用する便器の例で床に洗浄ボタンを備えている。図4は廊下と脱衣室の2方向から利用できるタイプである。図6はオストメイト対応流し台、折り畳み式ベッドを備え、オムツ替えの必要な人が利用できる。

■ ②重症心身障害者のトイレ

重症心身障害者の場合は、排泄に30分以上も時間を要することがあり、夏場は利用者も介護する職員も汗びっしょりになるという。トイレにも居室と同等の居心地のよさが求められると考え、十分な広さを確保し冷暖房を備え、庭に面した大きな窓のあるトイレを計画した［図7、8、写真1］。天井には走行リフトを備えている［写真2］。

■ ③知的障害児・者のトイレ

知的障害児・者の場合、よく問題になるのがトイレに異物を詰め込んで詰まらせてしまうことである。掃除口付き便器を使用することで対応できる場合が多いが、知的障害児入所施設では、便器と排水溝の構造を工夫することで排水管が詰まることを回避する設計を行った［図9、10］。

■ ④子どもの排泄自立を支援するトイレ

児童養護施設や保育所の幼児の生活空間では、排泄自立を支援するために、明るく清潔で利用しやすいオープントイレを設けている（あおぞら p.52、菜の花保育所 p.72）。

■ ⑤認知症高齢者の介護ができるトイレ

高齢者の施設では、できるだけ居室の近くに分散してトイレを設ける。認知症高齢者のグループホームでは、車椅子を使わない人も多いことから、すべてを車椅子対応にする必要はないが、介護ができるよう、通常よりも広い幅（120cm程度）を確保しておくことが望ましい。

2｜トイレの仕様と換気

トイレの床仕上げについて、以前はタイルで水を流す湿式タイプが多かったが、菌を広げ不潔になりやすいことから、現在は抗菌タイプのビニルシートを使用する乾式タイプが主流になっている。また、トイレの臭気をなくすには、まず汚れをすぐに取り除き、換気を十分にすることである。トイレ内を負圧にし、廊下側のドアにガラリを設けて空気を取り込み屋外に排出する。

図1｜両側介助型・ベッド付き［**1-3**里の風］｜1/80

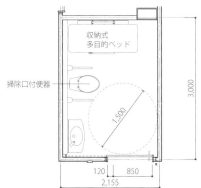

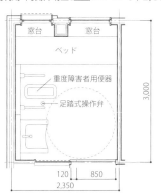
図2｜前向利用・両側介助型［**1-5**クローバー］｜1/80

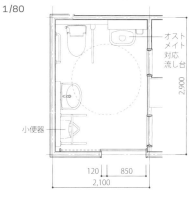
図3｜オストメイト対応・小便器付き［**2-1**豊里学園］1/80

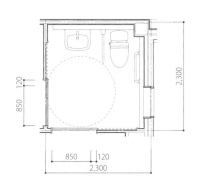
図4｜2方向入口型［**1-5**クローバー］｜1/80

図5｜斜めタイプ・オストメイト対応・ベビーベッド［**1-6**とうふく布施］｜1/80

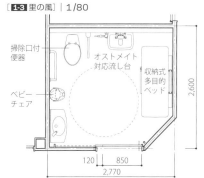
図6｜オストメイト対応・ベビーチェア・ベッド付き［**1-3**里の風］｜1/80

1｜庭に面した大きな窓のあるトイレ。
冷暖房を備えている[**1-4** ぷれいすBe]

2｜天井走行リフトのレールを室内からトイレ内に通す
ため、ドアを天井までの高さとし、上枠を貫通して取り
付けている[**1-4** ぷれいすBe]

上：図7｜平面図 ｜｜下：図8｜展開図[いずれも **1-4 ぷれいすBe]｜1/50**

重症心身障害者のトイレ

ベッドに寝たまま庭を眺めることができ、冷暖房設備も備えている。アクティビティルームから天井走行リフトがトイレの中まで続いており、便器とベッドに移乗できる。窓はロールスクリーンで開閉を調整できる。

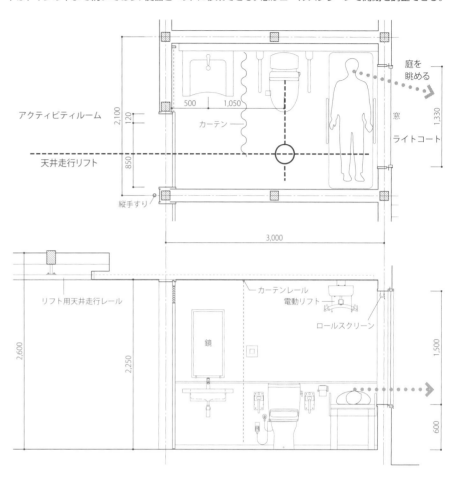

図9｜平面図[**2-1 豊里学園]｜1/50**

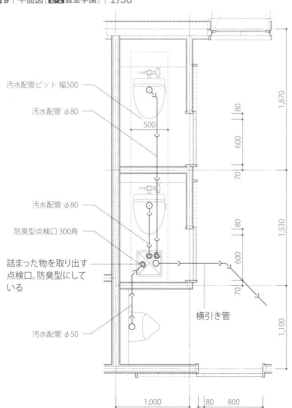

汚水配管ピット 幅500

汚水配管 φ80

汚水配管 φ80

防臭型点検口 300角

詰まった物を取り出す
点検口。防臭型にして
いる

汚水配管 φ50

横引き管

図10｜汚水配管ピット詳細図[**2-1 豊里学園]｜1/30**

知的障害児のための物が詰まらない工夫をしたトイレ

便器の下に幅500mmの汚水配管ピットを設けて汚水管を点検口まで配管している。横引き管に接続する部分をオープンにすることで、詰まった物を点検口から取り出すことができる[図9、10]。

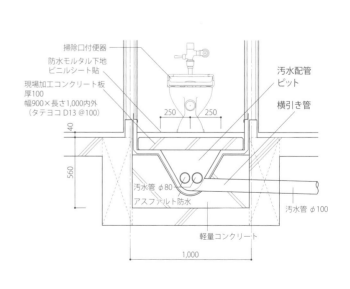

掃除口付便器

防水モルタル下地
ビニルシート貼

現場加工コンクリート板
厚100
幅900×長さ1,000内外
（タテヨコ D13 @100）

汚水管 φ80

アスファルト防水

軽量コンクリート

汚水配管
ピット

横引き管

汚水管 φ100

浴室計画の
ポイント

身体が不自由な人が入浴する設備については、安全が第一に考えられなければならない。また、近年ではプライバシーへの配慮もあり、施設の入浴方法は機械浴と個浴（家庭用浴槽）に集約されてきている。

平面プランと浴槽の種類については、利用者の特性に合わせた計画を行う。また、入浴は利用者の楽しみであることから、お湯に浸かりながら緑が眺められるような環境づくりを考えたい。

1│認知症高齢者の浴室

図1は認知症高齢者のグループホームの浴室で、1人ひとりが入る個浴タイプである。浴槽の一端を腰がかけられる広さとし、床からの高さが40cmになるよう床に埋め込んでいる。座って利用するシャワーのほかに失禁に対応して立った姿勢で利用するシャワーを設けている。手すりは、運営者により、現場で確認しながら取付け位置が決められた［写真1、2］。

ほかに浴室に導入する仕掛けとして脱衣室の前に建築工事で暖簾掛けを設けている。脱衣室の温度調整は、冬は輻射熱で暖めるオイルヒーター、夏は冷えすぎないよう冷房を設置せず壁掛式の扇風機を取り付けている。

2│身体障害者の浴室

図2、3は介護者と一緒に入れる身体障害者の浴室である。自身も身体障害のあった施主から、機械浴を使わない浴槽にしてほしいとの要望があった。四肢が突っ張る人のため1,100mm角の広さを確保し、背を起こした体勢で2人が浸かれる深さ46cmの浴槽をつくった。ヒノキ風呂を希望されたが予算が足りず、浴槽の縁にヒノキ材150mm×60mmを回して肌にふれる部分は柔らかさをもたせ、浴槽と同じ高さのヒノキ縁台（1,100mm×1,350mm×H430mm）を置き、そこで体を洗い浴槽に滑り込めるよう計画した［写真3］。その隣には、循環器・呼吸器疾患のある人も胸部に負担のない「半身浴」ができる水深の浅い洋式の浴槽を3方から介助できるよう設置した。また、足の悪い利用者が、移動の時に床のタイルの目地でこすって怪我をするため、目地の深くない小さなタイルとしている。

3│重症心身障害者の浴室

図4、写真4は、重症心身障害者の浴室の計画で、臥位式と座位式の2種類の機械浴槽と一般浴槽を備えたものである。脱衣室を挟み、左右に浴室を配置する。天井走行リフトと天井付き輻射式暖房を、開所後に状況を見て設置したいとの要望があったため、予め天井の下地補強と天井裏に暖房機器用の予備配線を行った。開所後必要とされたため、リフトと天井付き暖房を設置した。

このほかp.30にも浴室の例を掲載している。

図1│認知症高齢者の浴室平面図［ 3-2 いずみ池上の里］│1/80

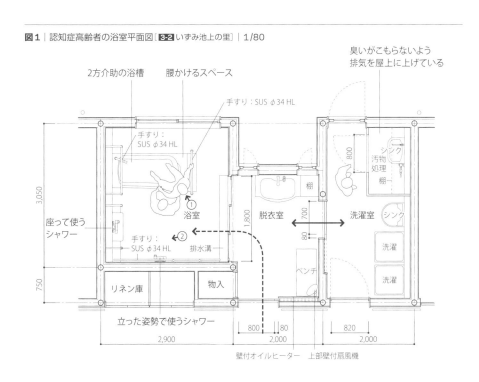

2方介助の浴槽　　腰かけるスペース

臭いがこもらないよう排気を屋上に上げている

手すり：SUS φ34 HL
手すり：SUS φ34 HL

3,050

座って使うシャワー

手すり：SUS φ34 HL

①浴室

②

排水溝

750

リネン庫　　物入

立った姿勢で使うシャワー

2,900　　800　80　2,000　820　2,000

1,800

脱衣室　　洗濯室

シンク　汚物処理　棚
棚
シンク
洗濯
洗濯
ベンチ

800
700
80

壁付オイルヒーター　上部壁付扇風機

1│2方介助の浴槽［ 3-2 いずみ池上の里］

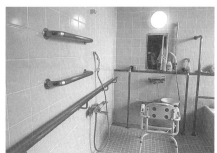

2│立った姿勢で使うシャワー［ 3-2 いずみ池上の里］

図2｜身体障害者の浴室平面図［1-3 里の風］｜1/80

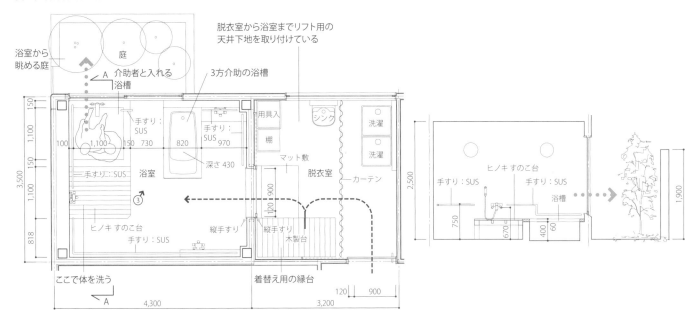

浴室から眺める庭

庭

浴室から眺める庭

A 介助者と入れる浴槽

脱衣室から浴室までリフト用の天井下地を取り付けている

3方介助の浴槽

150
1,100
150
1,100
818

100　1,100　150　730　　820

手すり：SUS

手すり：SUS 970

深さ 430

3,500

浴室

手すり：SUS

ヒノキ すのこ台

手すり：SUS

③

縦手すり

縦手すり

木製台

用具入

シンク

棚

マット敷

脱衣室

カーテン

120 900

洗濯

洗濯

2,500

ここで体を洗う

着替え用の縁台

A

4,300　　　3,200

120 900

図3｜身体障害者の浴室断面図［A-A］［1-3 里の風］｜1/80

手すり：SUS

ヒノキ すのこ台

手すり：SUS

浴室

750　　670　　400　60

1,900

3｜介助者と入れるヒノキ縁の浴槽と3方介助型浴槽［1-3 里の風］

4｜座位式浴槽。左手前は一般浴槽［1-4 ぷれいす Be］浴室1］

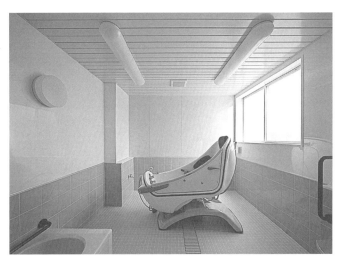

図4｜重症心身障害者の浴室平面図［1-4 ぷれいす Be］｜1/80

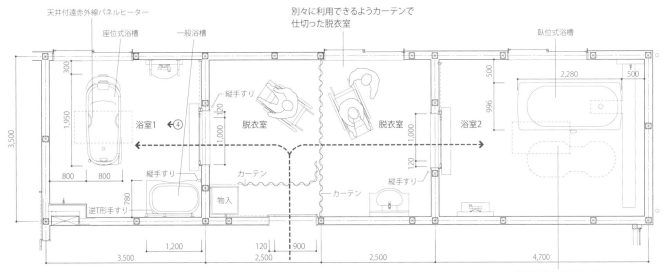

天井付遠赤外線パネルヒーター

座位式浴槽

一般浴槽

別々に利用できるようカーテンで仕切った脱衣室

臥位式浴槽

300

1,950

3,500

浴室1 ←④

縦手すり

120

1,000

脱衣室

1,000

脱衣室

1,000

120

浴室2

500

996

2,280

500

800　800

縦手すり

780

逆T形手すり

物入

カーテン

カーテン

縦手すり

3,500　　1,200　　2,500　　2,500　　4,700

120 900

天井付遠赤外線パネルヒーター

台所計画の
ポイント

福祉施設において、食事は大きな位置を占める。一度に大人数へ提供するためには、専門的な厨房を必要としてきたが、大規模な収容型施設から小規模な個別ケアの場へと変わるなかで、食事のあり方も変わってきた。

1 | 入居者と職員が一緒に使う台所

高齢者のグループホームにおいて、食事は生活の中心をなすものである。準備から調理、配膳、後片付けの一連の作業のなかで、高齢者の能力に合った作業に参加できる環境を整える。入居者が職員と一緒に食事の支度や後片付けができるよう、食堂と台所を一体空間とした事例では、2台の流しを設けている［図1、写真1］。中央に可動式の調理台を置き、包丁類を安全に管理できるよう鍵付きの収納を設けている。

2 | メインの厨房と
ユニットの台所の使い分け

児童養護施設ではメイン厨房と、ユニットごとに家庭的な台所を設ける。厨房で献立、材料購入、下ごしらえを行い、ユニットの台所では汁物の調理と炊飯をすることが多い。栄養士や調理員がユニットに入り、子どもの目の前で、あるいは一緒に食事の準備をすることもある。食器類はユニットで保管するため、食器洗い機と人数分の食器が収納できる食器棚を設けている。ユニットの台所は子どもを見守りやすい位置に対面式キッチンを配置し、小さなワークコーナーを設け個別情報の書類保管用に鍵付きの棚を設置している［図2、3、写真2］。

図1｜平面図［3-2 いずみ池上の里］｜1/80

上：図2｜展開図｜｜下：図3｜平面図［いずれも 2-6 生駒学園］｜1/80

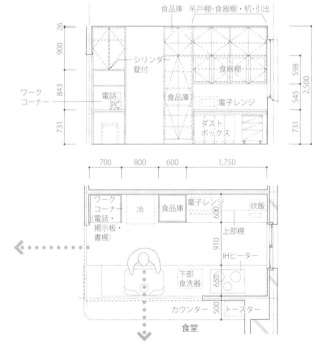

1｜認知症高齢者のグループホーム［3-2 いずみ池上の里］

2｜児童養護施設のユニット［2-6 生駒学園］

カフェ計画の
ポイント

「カフェ」という言葉は響きがよく、人の出入りする温かい居場所をイメージしやすいことから、いろいろな施設で用いている。就労兼地域開放の場所として利用する例と施設内や地域の人との交流の場とする例がある。施設外の人に飲食店としてサービスを提供する場合は保健所への許可申請が必要である[表1]。

1 | 施設の一画を地域に開放

福祉施設に初めて「カフェ」を設けたのは、ヤンググリーンである。心のバリアフリーを実現するためには、施設の中へ地域の人に入ってきてもらうことが重要、との考えから、通所者の食堂の一画に、通りから見える大きな窓を設け、おしゃれな椅子とテーブルを置いただけのカフェをつくった。設備は厨房の外に流し台を設け、そこにテーブルを並べて配膳台とした。簡易な設備だが、施設の入口に「ヤン茶」と書いた木製の看板が地域の人への広報となった。

2 | 通所者の食堂をカフェ・レストランに

里の風では、通所者の食堂を地域の人に利用してもらうレストランと位置づけ、施主の希望で演劇が上演できるスポットライトや音響設備も備えた。ぷれいすBeでは、さらに専門性を高め、本格的なコーヒー店を経営する外部スタッフが入り、「カフェBe」として営業している。周囲が住宅地ということもあり、昼食を通所者とともにとる地域の人の姿も見られる。

3 | 児童養護施設のカフェ空間

あおぞらの計画の中で、「職員も子どもも気軽に集まれるカフェのような空間がほしい」という要望が職員からあり、事務棟の入口にカフェスペースをとりキッチン設備を設けた。事務所の受付もカフェに面し、職員室や応接室もこの場所を通っていく[図1、写真2]。

そのほか、和泉乳児院・和泉幼児院の「カフェいこい家」[写真1]、生駒学園のランチルームなど、小規模化が進む児童養護施設にとって「カフェ」は子どもと職員の交流空間として重要な役割を果たすものである。

目的	施設名	営業許可の有無
就労の場	ヤンググリーン、里の風、ぷれいすBe、とうふく布施	あり
交流の場	あおぞら、和泉乳児院、生駒学園、クローバー	なし

表1 | カフェを設けた施設の利用区分

図1 | カフェ平面図[2-5 あおぞら] | 1/80

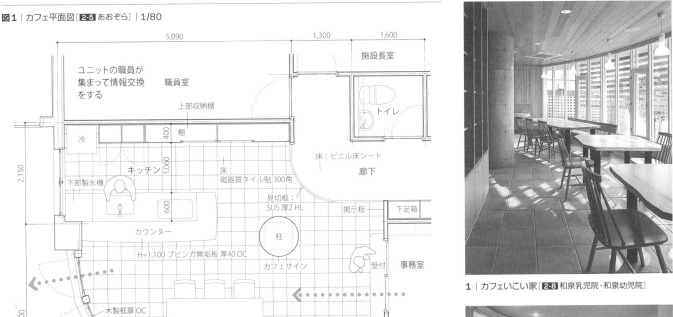

ユニットの職員が集まって情報交換をする

職員室

施設長室

トイレ

床：ビニル床シート

廊下

上部収納棚

冷

棚 400

キッチン 1,060

下部製氷機

床：
磁器質タイル貼 300角

見切框：
SUS 厚2 HL

掲示板

下足箱

カウンター 600

カウンター

H=1,100 ブビンガ無垢板 厚40 OC

柱

カフェサイン

受付

事務室

2,150

木製框扉 OC

中庭で遊ぶ子どもの様子がよく見える

4,000

カウンター：H=1,000
ヒノキ集成材 厚35 OC

300

掲示板

②

800

500

園庭

化粧柱：ヒノキ 145×145 OC
木材保護塗料塗
足元：銅板 厚0.4巻 H=30

950

1 | カフェいこい家[2-8 和泉乳児院・和泉幼児院]

2 | 中庭に面したガラス張りのカフェ[2-5 あおぞら]

造作家具計画の
ポイント

施設の中で使う家具については、備品として購入する場合と、建築工事として一体に設計する造作家具がある。利用者の特性に合わせて工夫が必要なものや建築空間に合ったサイズを特注で製作する場合などは、造作家具として設計する。丈夫で耐久性があり、使いやすくわかりやすいということが共通して求められるが、デザイン性も重要である。

1｜下足箱

下足箱は上下足を履き替える施設では必需品である。玄関に置くことからデザイン性も重視される。通所施設か入所施設か、子どもの施設か大人の施設かで中の棚の数や大きさが異なる。知的障害者施設の場合は、一度に多くの靴が視界に入ってくることによる混乱を避けるために1人ずつの扉を設けている。車椅子利用者がいる場合は下部にフットスペースを設ける［図1、写真1］。児童養護施設では1人当たり3足として個別収納を基本としている［図2］。高齢者のグループホームでは、外出時にはスタッフが付き添うことや、高齢者が使い慣れたデザインということで複数の人の靴が一度に見える片引戸の下駄箱としている。

2｜収納付きベッド

児童養護施設の居室には、ベッドと机、衣類タンスを入れるが、普段使用しない衣類や寝具などを保管するために、収納を兼用したベッドを設計することがある。高さは、40cmから60cmの範囲で、落ちても危険のない高さと収納容積との兼ね合いで決定する。側板と布団を敷く板には空気を通す穴を開けておく。

しかし一晩でコップ1杯の汗をかくといわれており、布団は畳んでおく習慣をつけたい。障害児の施設では手すりがぐらつかないよう、手すりと本体が一体になった収納付きベッドを設計した［図3、写真2］。

3｜テレビ台

障害児施設の設計で、テレビを触って倒したり壊したりするため、テレビを囲う箱の製作を依頼された。ヒノキの集成材で3方を囲い、画面の部分はポリカーボネートとし、音が聞こえるように側面と正面に穴を開けている。下部には、録画機器を収納できる棚を設けている。設置の際は、後部にコンセントの厚みを収納するあきが必要である［図4、写真3］。

4｜構造化した作業机

障害者の通所施設では、集団が苦手な人や決められた空間と手順により作業を行う人のために、個別の作業机を製作した。隣の机との間に仕切り板を立て、正面にカゴを置くための2列の棚を設け、上部の吊戸棚には照明器具を埋め込んでいる［図5、写真4］。

1｜フットスペースのある下足箱［**1-4** ぷれいすBe］

図1｜通所者下足箱家具図［**1-4** ぷれいすBe］｜1/50

天板：ヒノキ集成材 厚25 OC
扉：ヒノキ集成材 厚4 フラッシュ 厚20 OC
小口 ヒノキ集成材 厚6 OC

1,800
フットスペース
2,730
20 250 250 25
20
25 450 20 450 20 450 25 360
350

図2｜児童下足箱家具図［**2-5** あおぞら］｜1/50

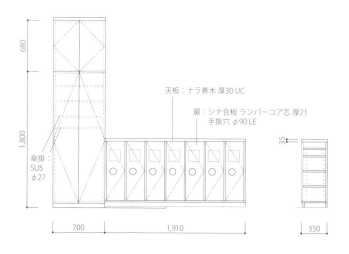

680
1,800
天板：ナラ寄木 厚30 UC
扉：シナ合板 ランバーコア芯 厚21
手掛穴 φ90 LE
傘掛：
SUS
φ27
700
1,910
350
35

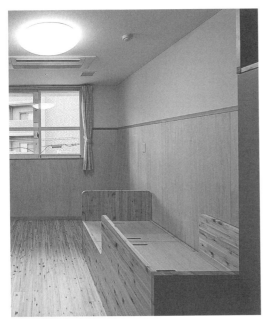

2｜手すり一体型収納付きベッド［**2-1**豊里学園］

図3｜手すり一体型収納付きベッド家具図［**2-1**豊里学園］｜1/50

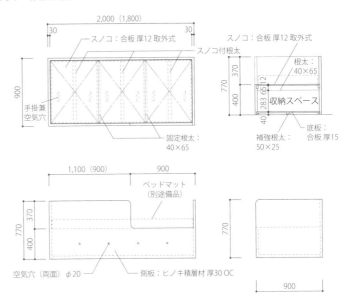

スノコ：合板 厚12 取外式
スノコ付根太
スノコ：合板 厚12 取外式
根太：40×65
2,000（1,800）
30　30
900
手掛兼空気穴
固定根太：40×65
370
770
400
収納スペース
補強根太：50×25
底板：合板 厚15

1,100（900）　900
ベッドマット（別途備品）
770　370　400
空気穴（両面）φ20
側板：ヒノキ積層材 厚30 OC
770
900

3｜障害児施設のテレビ台［**2-1**豊里学園］

図4｜テレビ台家具図［**2-1**豊里学園］｜1/30

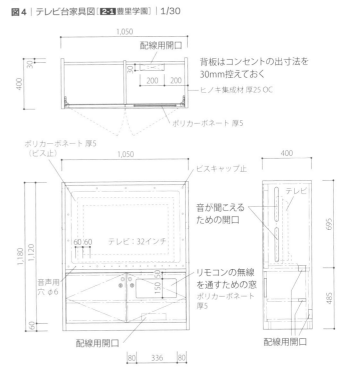

配線用開口
背板はコンセントの出寸法を30mm控えておく
30
400
200　200
ヒノキ集成材 厚25 OC
ポリカーボネート 厚5

ポリカーボネート 厚5（ビス止）
1,050
ビスキャップ止
音が聞こえるための開口
1,180　1,120
テレビ：32インチ
60　60
テレビ
695
音声用穴 φ6
150　50
リモコンの無線を通すための窓
ポリカーボネート 厚5
485
60
配線用開口
80　336　80
配線用開口
400

4｜構造化した個別の作業机を並べて使用している［**1-6**とうふく布施］

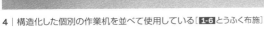

図5｜作業机家具図［**1-6**とうふく布施］｜1/50

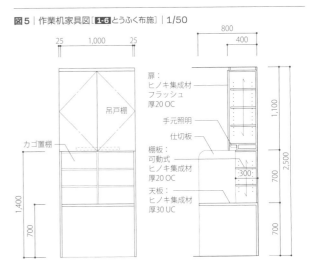

25　1,000　25
吊戸棚
カゴ置棚
1,400　700

800
400
扉：ヒノキ集成材フラッシュ厚20 OC
手元照明
仕切板
棚板：可動式ヒノキ集成材厚20 OC
300
天板：ヒノキ集成材厚30 UC
1,100
2,500
700
700

建具・手すり
計画のポイント

建具や手すりはいずれも空間を印象づけるものであり、生活空間に適した機能性とデザイン性を兼ね備えたものを設計することを心がけている。

―――――

1｜建具計画のポイント

建具は空間を仕切る、風や光を取り入れる、遮音するなど使い方に応じた機能が求められる。一方、建築の中では人の手に直接ふれる家具に近いものであることから、より繊細なデザインが求められる。

種類	特徴（特に工夫した施設）
フラッシュ戸	・施設の特性に応じてペイントを施す。引戸の時は指挟み注意（あおぞら） ・見守り用の小窓を設ける（レジデンスなさはら、いずみ池上の里）
框戸	・透かす、見守りやすい（こどもデイケアいずみ、和泉乳児院・幼児院） ・外部との仕切りで開放性をもたせる（里の風、クローバー）
格子戸	・透かしつつ適度に遮蔽する（豊里学園、ぶれいすBe） ・和風の玄関、温かいデザイン（清泉、いずみ池上の里、ふれ愛の館しおん）

表1｜建具の種類と特徴

建具には木製とスチール製があるが、防火性能を求められる場所以外ではできるだけ木製建具を用いている。表1は建具の種類によりどのように使い分けているかをまとめたものである。

■ ①空間をゆるやかに仕切るフラッシュ戸と框戸

子どもの施設では空間のつながりをもたせるためにフラッシュ戸に丸や三角の穴を開けてペイントし、楽しい雰囲気をつくる。引戸の場合は開口部の指挟みを防ぐために、ポリカーボネートで凹部を覆うなどの配慮が必要である。框戸は小さい子どもの施設で見守りやすくするために、部屋と部屋を透かす時に使用する。和泉乳児院・幼児院では子どものスケールに合わせて繊細な格子を設けた建具をデザインした［図1、写真1］。

■ ②強度をもたせた格子戸で透けた空間をつくる

空間は仕切りたいが、さりげなく見守りたいという要望は、福祉施設には多い。仕切りつつ透かすという空間計画では、視線があまり気にならない格子戸を用いる。障害者施設では強度が必要とされることから桟の幅や厚みを大きく

1｜框戸に格子戸を設けた建具［**2-8**和泉乳児院］

2｜強度をもたせた格子戸［**1-4**ぶれいすBe］

図1｜框建具図［**2-8**和泉乳児院］｜1/50

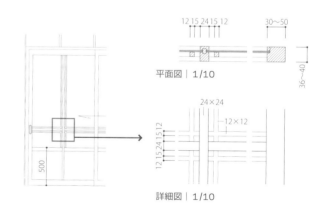

平面図｜1/10

詳細図｜1/10

図2｜格子建具図［**1-4**ぶれいすBe］｜1/50

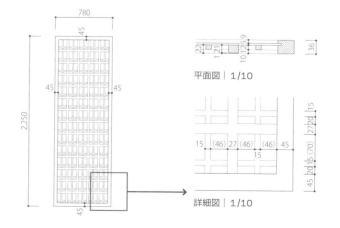

平面図｜1/10

詳細図｜1/10

しがちであるが、太い桟と細い桟を組み合わせることで強度と繊細さをもたせた格子戸をデザインし、間仕切り壁に使っている[図2、写真2]。

■ ③アルミ戸と木格子を組み合わせた玄関建具
玄関は建物の印象を決める重要な場所である。高齢者のグループホームでは、和の趣をもたせるためにアルミの乙種防火戸に木製の格子を組み合わせて、防火性能とデザイン性を併せ持った建具とした[図3、写真3]。

■ ④外部木製建具の中にスチール製の排煙窓
里の風では鉄骨造の建物に木製建具を用いて柔らかな雰囲気にした。外壁は準耐火構造が求められたが建具は規制がないため木製とした。ただし、排煙窓は不燃材料でなければならないため、スチールの窓枠を木製建具の中に入れることで軽やかな印象をもたせた[図4、写真4]。

2｜手すり計画のポイント

平型手すりは丸型よりも指がかかりやすく、小さな子どもにも握りやすいことから、階段にはスチールに樹脂製のカバーを付けた平型手すりを用いている。乳児院の階段では2段手すりにして、子ども用は高さを45cmに設定し、持ち手の部分を一回り小さくしている[図5]。廊下部分は、木質空間に合った木製の手すりを使用することが多い。木製手すりの形状は握りやすいように細かく面取りして寸法を決める[図6]。また、知的障害児・者の施設ではぶつかっても安全なように手すり部分とブラケットを木で作ったガード型の手すりをデザインした[図7]。

手すりの取付け位置は75−80cm、ガードタイプは90cmとやや高い位置にしている。

3｜玄関建具［3-2 いずみ池上の里］

4｜外部木製建具［1-3 里の風］

図3｜玄関建具図［3-2 いずみ池上の里］｜1/50

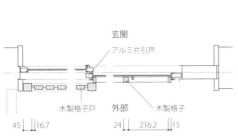

平面図｜1/20

玄関
アルミ片引戸
木製格子戸　外部　木製格子
45　16.7　　24　216.2　15

木製格子戸はメンテナンスのため片開きにしている
アルミの建具に格子を固定している

図4｜外部木製建具図［1-3 里の風］｜1/50

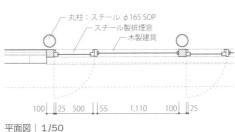

平面図｜1/50

丸柱：スチール φ165 SOP
スチール製排煙窓
木製建具
100　25　500　55　1,110　100　25

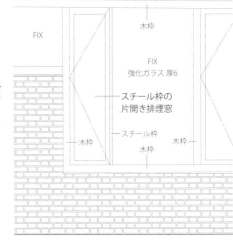

FIX
木枠
FIX
強化ガラス 厚6
スチール枠の片開き排煙窓
スチール枠
木枠
木枠

図5｜角型手すり詳細図［2-9 すみれ乳児院］｜1/5

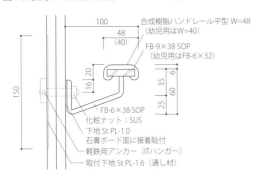

100
48
(40)
合成樹脂ハンドレール平型 W=48
（幼児用はW=40）
FB-9×38 SOP
（幼児用はFB-6×32）
16　20
35
6
150
25
60
FB-6×38 SOP
化粧ナット：SUS
下地 St PL-1.0
石膏ボード面に接着貼付
軽鉄用アンカー（ITハンガー）
取付下地 St PL-1.6（通し材）

図6｜角型手すり詳細図［3-2 いずみ池上の里］｜1/5

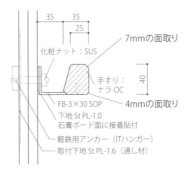

35　35
25
化粧ナット：SUS
7mmの面取り
手すり：ナラ OC
40
FB-3×30 SOP
下地 St PL-1.0
石膏ボード面に接着貼付
軽鉄用アンカー（ITハンガー）
取付下地 St PL-1.6（通し材）
4mmの面取り

図7｜ガード型手すり詳細図［1-6 とうふく布施］｜1/5

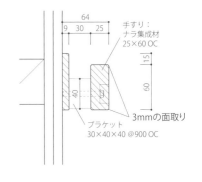

64
9　30　25
手すり：ナラ集成材 25×60 OC
15
40
60
ブラケット
30×40×40 @900 OC
3mmの面取り

サイン計画の
ポイント

不特定多数の人が利用する福祉施設では、文字が読めない人にもわかるサインが求められる。ここでは、知的障害がある人のための室名を示すサイン、行為を促すサインおよび情報を氾濫させないための掲示方法、入所型施設のユニットのサイン、またエコロジーへの取り組みを示すサインなどを紹介する。

1 | 室名を示すサイン

①汎用性のあるサイン

知的障害者は言語によるコミュニケーションが不得意な反面、視覚情報は比較的理解できるといわれている。施設で使われるサインが駅やデパートなどの公共施設で使われているサインと同じものであれば理解しやすい。室名サインでは、できるだけ汎用性のあるサインを使うという視点から、日本産業規格（JIS）で決められているサイン［図1］と、自閉症のコミュニケーション指導に利用されるPIC（Pictogram Ideogram Communication）のなかから絵を選定し［図2、3］、ふりがな付きの文字を併記して用いている。

②オリジナルのサイン

施設によってはオリジナルのサインを考案する例もある。ぷれいすBeでは、活動の部屋を「アクティビティルーム」と名付け、知的障害のある利用者に伝えやすい方法として、「1」「2」という数字を指で表したピクトグラム（ピクト）を作成した［図4］。豊里学園では、「コスモルーム」と名付けたスヌーズレンの部屋は、中で使用するバブルユニットを表し、サインとした［図5］。
掃除用具入れはバケツとモップをイラストにし

たサインを用いている［図6］。

③サインの素材、大きさ、取付け位置

サインの素材はヒノキの間伐材を利用した集成材を用いている。自然塗料で塗装し、文字やピクトを切り抜いたカッティングシートを貼っているが、細かな文字は剥がれやすいためシルクスクリーン印刷とすることもある。カッティングシートの色はダークグレーにして柔らかさをもたせている。
サイズは150×150（mm、以下同様）を標準とし、四隅はR5程度の丸面を取っている。ピクトだけのものは100×100や80×80のサイズも用いる。厚みは10–25で、扉に貼り付けるものは薄くするなど取付け場所によって使い分けている。取付け位置については、目線の高さ（上端が高さ1,500程度）に設置することが多い。

2 | 行為を促すサイン

①行動の手助けとなるサイン

障害者の施設では男子小便器の周囲を汚して困るという声が多い。立つ位置が適切に判断できないことも原因の1つであることから、床に足形マークを付けて立つ位置を示した［写真1］。また玄関で靴の履き替えを促すサインは、1辺が150の立方体の4面に文字とイラストのシートを交互に貼っている［写真2］。洗面所には手と水のイラストを付けて手洗いを促す［図7］。これらのサインは、スタッフの指導を補い、利用者が自主的に行動できる手助けとなると考える。

②スケジュールを示すサイン

障害者施設で日中作業訓練を行う際、時間の

図1 | 150×150

図2 | 150×150

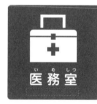

図3 | 150×150

図4 | 150×150

図5 | 150×150

図6 | 100×100

図7 | 80×80

1 | 立つ位置を示す足形マーク［1-2 ヤンググリーン］

2 | 靴の履き替えを促すサイン（150×150×150）［1-3 里の風］

概念や言葉が十分理解できない利用者のために、一日の流れを視覚的に示すスケジュールボードを作った[図8、写真3]。スチールプレートを埋め込んだ木のボードと、裏にマグネットを付けた小さな木札を作り、木札に「作業」「食事」などのピクトや写真を貼って、ボードに上から下に順番に並べる。作業机の上などに置き、利用者が次の行為を確認するのに使う。

3 ｜ 情報を氾濫させないための掲示方法

わかりやすいサイン計画を心がけても、無秩序に貼り紙があると知的障害のある人は混乱をきたす。貼り紙などのための適当な掲示スペースをとることで情報を制御することも大切である。

安全のためピンを使用しない掲示方法と、掲示物が少ない時にも不自然でないデザインと考え、36mm幅の化粧桟を上下に並べた掲示スペースをつくった[図9、写真4]。

4 ｜ ユニットのサイン

児童養護施設などのユニットは子どもにとって家庭に代わる居場所であり子どものアイデンティティを形成するものであることから、施設によって工夫が凝らされる。

型絵作家に依頼し無垢の板に直接ペインティングしてもらったもの[あおぞら、図10]、職員が描いた絵をシート状にして板に貼ったもの[和泉乳児院、図11]、「そら」「うみ」などの言葉とイラストを合わせたもの[豊里学園、図12]などがある。ユニットを担当する職員の名前を使い「○○ホーム」とした事例では、ステンレス板にカッティングシートの文字を貼り付け、担当職員が変更になった場合はシートを貼り替えて利用できるものとした。

5 ｜ エコロジーのサイン

環境への取り組みを、子どもや障害者、来客など、誰にでもわかりやすく伝えるためのサインである。太陽光や雨水の利用など、施設のエコロジー計画をイラスト化したものを、木の板にシルクスクリーンで印刷し、玄関付近に設置している[写真5]。

太陽光による発電の状況を目で見えるようにするために、ソーラー発電による電気を太陽の顔の鼻に見立てた豆電球につなぎ、発電している間は鼻が赤く光るサインを製作した[図13]。

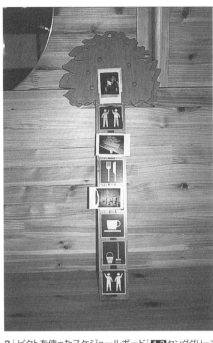

3 ｜ ピクトを使ったスケジュールボード[1-2 ヤンググリーン]

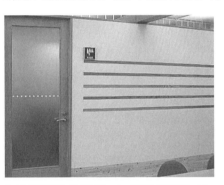

4 ｜ 化粧桟を使った掲示コーナー[1-2 ヤンググリーン]

図10 ｜ 200×200、木材、厚20、ペイント

図11 ｜ 200×200、ヒノキ集成材、厚10、シート貼り

図12 ｜ 200×200、ヒノキ集成材、厚10、シルク印刷

5 ｜ エコロジー計画を印刷、太陽マークの下に掲示[1-2 ヤンググリーン]

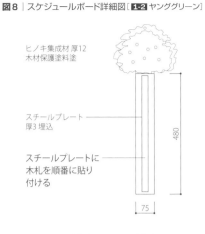

図8 ｜ スケジュールボード詳細図 [1-2 ヤンググリーン]

ヒノキ集成材 厚12
木材保護塗料塗

スチールプレート
厚3 埋込

スチールプレートに
木札を順番に貼り
付ける

480

75

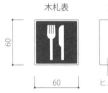

木札表　　　木札裏

60

60

マグネット
ヒノキ集成材

図9 ｜ 掲示コーナー詳細図 [1-2 ヤンググリーン] ｜ 1/50

36
150
150
150
1,650
300

掲示用化粧桟

壁：
石膏ボード 7.5　12.5
AEP

36

化粧桟 ナラ
36×20 @150 OC

断面図 ｜ 1/5

図13 ｜ 太陽マーク詳細図 [1-2 ヤンググリーン] ｜ 1/5

豆球

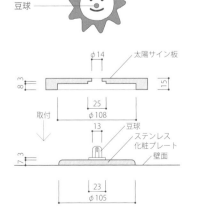

φ14
8 3
15
太陽サイン板

取付

25
φ108
13

7 3
豆球
ステンレス
化粧プレート
壁面

23
φ105

スヌーズレンルーム
計画のポイント

スヌーズレンは、光、音、感触、香りなどにより五感を心地よく刺激する環境をつくり、その中で障害者が自由に感覚を楽しみ介護者とコミュニケーションを図る活動や理念をいう。ここではより広くとらえ、リラクセーションの空間やパニック時に落ち着くための部屋を紹介する。専用に開発された機器を導入したものから内装をしつらえただけのものまでさまざまあるが［表1］、心地よい空間をつくることで施設での活動をよりスムーズに行うことができると考える。

2｜ミラーボールを設置し、
部屋全体をスヌーズレンとして利用［2-4 まめべや］

1｜部屋の大きさ

スヌーズレンルームの大きさは、利用する機器や利用方法によりさまざまである。ぷれいすBeではウォーターベッドを備えた専用の部屋（18m²）［図1］と、アクティビティルームの一画に1人になれるリラクセーションルーム（3～4.5m²）を設けた。隔離された空間をつくることで、刺激に敏感な人が落ち着ける場所ができる。

専用の部屋を設けず、静養室や医務室を利用した事例もある［写真1］。まめべやでは空間全体をスヌーズレンとして利用できるよう計画した。部屋の中央に設置したミラーボールにスポットライトを当ててゆっくり光が回転するよう設定している［写真2］。

2｜スヌーズレンルームの内装

床はコルク板などの上にタイルカーペットを敷き、壁は厚み5cmのウレタンを入れたビニルレザー貼りとするなど、安全性を確保できる仕上げとする。天井はハンギングチェアやハンモックを吊せるように下地補強をしてリングを取り付けておく。化粧梁を渡しておいてもよい。壁や天井の色はさまざまな光が映える白にすることが多いが、落ち着く空間とする場合は濃いブルーやグリーンの色を使用することもある。

3｜照明、設備

部屋を暗くして利用するため窓には遮光カーテンを付ける。カーテンと壁の間から光が漏れないよう、窓枠より左右上下に大きなサイズにしておく。完全に遮光する場合は窓サッシの内側に木製の扉を設けている。照明器具は明るさを調整できるよう調光式のものを選定する。設計時点で専用機器の導入が決まっている場合は、機器をレイアウトし配線を壁や天井に通してスイッチで操作できるよう計画する。

利用者がプロジェクターを触ることが心配された事例では、機械を操作する部屋を仕切り、壁に開けた穴から映像を映し出せるよう設定した［図2］。

図1｜スヌーズレンルーム平面図・器具配置図
［1-4 ぷれいすBe］｜1/100

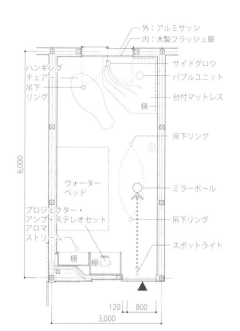

外：アルミサッシ
内：木製フラッシュ扉
ハンギングチェア吊下リング
サイドグロウ
バブルユニット
鏡
台付マットレス
吊下リング
ウォーターベッド
ミラーボール
プロジェクター・アンプ・ステレオセット　アロマストリーム
吊下リング
スポットライト
棚　棚
6,000
120　800
3,000

図2｜機械操作室のあるスヌーズレンルーム平面図［2-1 豊里学園］｜1/100

アルミサッシ
木製フラッシュ戸
850
コスモルーム
3,300
450×525
630（腰高 1,850）
機械操作室
1,200
800　80

天井：岩綿吸音板 厚12 AEP
　　　石膏ボード 厚9.5 下地（CH=2,500）
壁：ビニルレザー貼 H=1,800まで
　　（ウレタンゴム 厚50＋合板 厚9 下地）
　　石膏ボード 厚15 下地
床：タイルカーペット敷
　　コルクタイル 厚8 下地

施設名	室名	面積m²	使用している機器
こどもデイケアいずみ	静養室	13.9	B、M、P、S、W
ヤンググリーン	医務室	7.89	B
ぷれいすBe	スヌーズレンルーム	18	B、M、P、S、W
	リラクセーションルーム 2カ所	3 4.5	―
豊里学園	コスモルーム＋機械操作室	9.9	B、M、P、S
とうふく布施	リラックスルーム	3.15	―
まめべや	指導訓練室	41.95	B、M

表1｜スヌーズレンルームの事例一覧

B＝バブルユニット｜M＝ミラーボール｜P＝プロジェクター｜S＝サイドグロウ｜W＝ウォーターベッド

1｜静養室を利用したスヌーズレンルーム［2-3 こどもデイケアいずみ］

設備計画の
ポイント

設備には、電気、給排水、空調などがある。福祉施設では開所後のランニングコストを抑えることが重要であり、空調や給湯は個別方式を採用している。

ここでは照明、換気、防災設備について、配慮が必要なポイントを紹介する（トイレ、浴室はp.92 －95参照）。

1｜照明

■ ①光の刺激をやわらげる間接照明

高齢者にとってグレアが良くないことは一般に知られているが、知的障害者のなかにも光の刺激が気になる人がいるといわれる。ヤンググリーンでは光源が直接目に入らないよう化粧梁に照明器具を挿入して間接照明とし、光の刺激をやわらげている［図1、写真1］。

■ ②カバーが気になる場合は天井埋込みタイプ

カバー付きシーリングライトは天井面が明るくなり空間を柔らかな雰囲気にすることから居室の照明に使用している［写真2］。カバーが気になり割ってしまうなど、行動障害のある人の部屋には天井埋込み型の照明器具を設置し対応している［写真3］。

■ ③光を見せて温かさを演出する

福祉施設の食堂は多くの人が集まる大空間になることが多い。作業室のような殺風景な空間になりがちだが、照明器具の選定で温かな空間にすることができる。里の風ではベース照明はダウンライトとし、窓際にペンダントライトを配列した。ガラスのペンダントライトは器具そのものが明るい光を放ち、華やかな雰囲気になる［写真4］。

図1｜間接照明用化粧梁詳細図
［**1-2** ヤンググリーン］｜1/10

照明器具
St PL
厚4曲げ加工 SOP
化粧梁：
ベイマツ集成材
OC

2｜カバー付きシーリングライト［**1-1** レジデンスなさはら］

照明を埋め込んだ化粧梁
1｜化粧梁による間接照明［**1-2** ヤンググリーン］

3｜天井埋込み型照明器具［**1-1** レジデンスなさはら］

2｜臭気を抜く換気計画

福祉施設で気になる臭いにはトイレと厨房の臭いがある。廊下を正圧にしてトイレ内が負圧になるよう給排気の換気量を設定しておく。汚物流しや汚物保管庫の換気は屋上へ排気する。厨房の臭いもダクトにより屋上に排気することで近隣への影響を小さくすることができる。勾配屋根の建物では予め屋上に排気ファンを置くスペースを確保しておくことが必要である。

3｜防災設備に関する配慮

火災報知機は火災を知らせるもので福祉施設では設置が義務づけられている。目につきやすい場所に設置することを求められるが、知的障害者の施設では利用者による誤作動が多いため設置に工夫が必要である。発信機と表示灯を分散配置することや、利用者が操作できないように事務室に設置するなどの工夫が考えられる。

避難口に設置する誘導灯はなるべく壁埋込み型とし、手が届く場所には透明カバーを付ける。近年、誘導音付加型の避難誘導灯の設置を消防から求められるが、知的障害者は複数の箇所から大きな音声が聞こえると混乱することが懸念される。近くに複数の避難口がある場合には誘導音付加型の数について消防との協議が必要である。

ベース照明のダウンライト　　ガラスのペンダントライト　　半埋込型
4｜温かさを演出する食堂の照明計画［**1-3** 里の風］

セキュリティ計画のポイント

図2｜トップライトの落下防止用格子詳細図［2-1 豊里学園］｜1/60

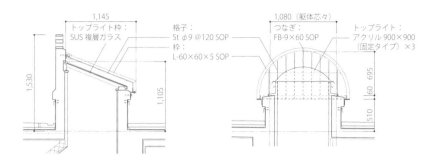

セキュリティとは一般に保安のことを指すが、福祉施設では利用者の安全を主体としたセキュリティ計画を考える。

利用者の認知の弱さから生ずる事故を防ぐため危険を取り除いた安全な空間をつくること、飛び出しによる事故を防ぐこと、外部からの侵入を防ぐことなどが挙げられる。

1｜安全な建築──ガラスと内装材

ガラスは開放的で気持ちよい空間をつくることから、福祉施設においても多く取り入れている。安全性を確保するため障害者の施設では基本的に強化ガラスに飛散防止フィルムを貼り、不燃材料でなくてもよい建具にはポリカーボネートを使用する。大きなガラス面には手前に化粧柱と手すりを設けて衝突を防止する工夫をしている［図1、写真1］。

障害者や子どもの施設でトップライトを設ける時には、落下防止用格子を付けて安全に配慮している［図2］。また、アルミサッシを採用する時には、横桟を加えて頑丈さをもたせるよう配慮している。

内装材では、部屋の床はヒノキ材やコルクなどを使用し、腰板を付ける。木は弾力性があり、ぶつかったり転倒したりした時の衝撃を吸収してくれる。

2｜予期せぬ外出や窓からの転落を防ぐ

都市部では施設外に出ることで事故につながることも多い。事務室の中からさりげなく出入りをチェックできる格子窓、自動ドアの開ボタンを少しわかりにくい位置に設けることや［図3、写真2］、上下2カ所にサムターンを設けるなどもすぐに出られない工夫として有効である。窓には一定の幅しか開かないストッパーを付けて転落を防止するが、消防の進入を妨げないよう外から開けられるタイプのものとする。屋外階段の非常口は火災時に避難できるよう電気錠にして施錠しておく。

3｜防犯に関すること

外部からの侵入を防ぐため敷地境界にはフェンスや塀を設け、居住系の施設では門を電気錠にすることが多い。人感センサー式の照明を取り付け防犯カメラを設置して監視体制を整え、玄関の扉には上下2カ所に鍵を付ける。また、屋外階段の上り口にも扉を設けて施錠をしておく。

図1｜談話コーナー窓平面図［1-2 ヤンググリーン］1/80

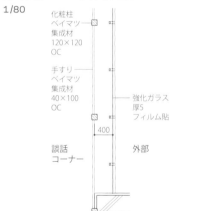

図3｜玄関自動ドア平面図［1-3 里の風］｜1/80

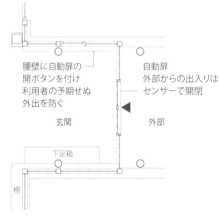

1｜化粧柱と手すりによりガラス面への衝突を防止［1-2 ヤンググリーン］

2｜観葉植物で自動ドアの開ボタンが目につかないよう工夫している［1-3 里の風］

ベランダ・バルコニー
計画のポイント

ベランダ・バルコニーは建物の外部壁面部分に張り出した手すり付きのスペースである。福祉施設では災害時の避難経路確保のため付けられることが多いが、洗濯物干しや植物を育てる場としても有効である。転落などの安全面への配慮と、デザイン面での工夫が必要である。

1｜外部との緩衝空間とする

豊里学園は住宅地に立地し居室の窓が直接街路に面することから、ベランダを緩衝空間としてデザインした。床を本体と同じRC造打放しとし、手すりに空洞レンガを用いた［写真1］。子どもが穴を足がかりに手すりに登ることを防ぐため、裏側に90cmの高さまでアルミパンチングメタルを張っている。また、夏の日射を防ぐために、2階部分にはRC造の水平ルーバーを設け、3階部分は庇を低くしている［図1］。

2｜乳児の屋外活動の場

室内と屋外をつなぐバルコニーは、日向ぼっこやプール遊び、小さな野菜を育てるなど、乳幼児の日常生活のなかで重要な役割を果たす場所である。

和泉乳児院ではRC造の本体建物に木造のバルコニーを付け、コンクリートの丸柱で荷重を支えている。腰板を張ることで地上部の景色を隠し、乳児が地面から離れた場所であることを感じないように配慮している［図2、写真2］。

1｜ベランダ［2-1 豊里学園］

2｜バルコニー［2-8 和泉乳児院］

図1｜空洞レンガの手すり断面図［2-1 豊里学園］｜1/40

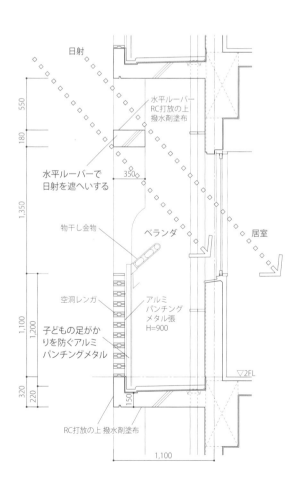

図2｜RC造に設けた木造バルコニー断面図［2-8 和泉乳児院］｜1/40

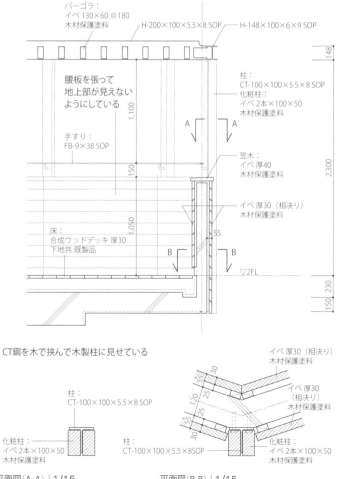

外構・庭計画の
ポイント

外構と庭は、近隣地域の景観形成の役割を担うとともに、利用者に精神的な豊かさを提供できる重要なものである。福祉施設の設計にあたっては、建物の中と外を一体的に計画することで、より豊かな空間をつくることを心がけている。

―――

1│外構計画のポイント

外構は、建物の外にある構造物のことをいい、門扉、塀、アプローチ、植栽や駐車場、物置などがある。地域に直に接する場所であり、街並みを構成する要素として重視したい。

▌①塀・門扉・アプローチ

障害者施設では、地域との関係を築くため低い塀や門扉で閉鎖性をなくし、植栽や草花により街並みに潤いをもたらすことを基本としている。

喫茶の看板をコンクリートの塀に埋め込んだデザインで地域の人を施設の中に招き入れることを考えた例［写真1］、敷地内のアプローチ通路に面して建物を開放して地域との交流を図った例（里の風）がある。安全面では歩行者の通路とサービスの動線が交わらないよう計画し、床面の仕上げを変えてわかりやすくしている。

高齢者のグループホームでは、屋根の付いた門と背の低い扉により、住宅らしさを出している（清泉）。また、玄関までのアプローチを長くとって季節の花を楽しめる空間をつくるとともに、車椅子の経路としてゆるやかなスロープを計画した（いずみ池上の里）。

児童養護施設は子どもを親から強制的に引き離しているケースもあり、完全にオープンにすることは難しい。職員の目が届きやすい建物配置をとり、低い塀と門扉で開放性をもたせ、樹木により外部の視線を遮るなど、子どもを守りつつ地域に開くことを心がけている［写真2］。

▌②植栽・井戸・池・砂場

子どもの施設では、特に自然とのふれあいを心がけている。クヌギやアメリカフウなど夏には葉を茂らせて木陰をつくる木を植え、ハギやナンテンなど季節感のある低木と、ままごとに使える小さな花をつける宿根草なども加える［写真5］。

非常時に備えて井戸を掘り、植栽の水遣りに利用したり、その水を使って小さな池をつくったりすると子どもの遊びが広がる［写真6］。幼児の庭［写真7］は、背の低い塀で囲って大きな子どものエリアと分け、砂場を設けて落ち着いて遊べるようにしている。

障害者の通所施設では、クリーニング業務用の井戸水を中庭のせせらぎとして利用し、木々を植えて緑あふれる空間とした［写真13］。

▌③玄関回り

玄関は利用者を温かく迎えることに加え、福祉施設では利用者同士の交流の場となるようデザインする。ユニット型の児童養護施設で庭に面して玄関を設けた事例では、大きな庇と腰かけられる側壁を設け、そこが居場所となるよう計画した。玄関ドアは周囲をガラスにし、室内とのつながりをもたせている［写真8］。

▌④ゴミ置場・物置

大きな施設になるとゴミ置場や物置が必要となる。ゴミ収集車との関係で外から見える場所に設けることが多いため、建物の外観に合わせて素材や色調を揃える［写真3］。

園庭に予め物置を計画しておくと統一感をもたせることができる。子どもサイズの小さな家に囲まれた庭をイメージして塀と一体でデザインした事例では、物置と物置の間はレンガを透かし積みにし、外に対して子どもの気配が伝わるように計画した［図4、写真10、11、12］。

▌⑤駐車場・駐輪場

駐車場は占有面積が広いことから周辺環境への影響が大きい。印象を柔らかくするため、できるだけ緑化することを心がけている。緑化ブロックを使用することが多いが、間伐材を用いて緑化を行った例もある［里の風、p.117］。

自転車が並ぶ様子は景観上あまりきれいなものではない。駐輪場は外から見えないよう目隠しを設け、建物に合わせてデザインする［写真2］。

▌⑥テラス・デッキ

利用者同士の交流や屋外の居場所としてテラスやデッキを計画する。ピロティの利用や庇を張り出すなど、日射と雨を遮ることが基本である。室内の延長としてのデッキは木調の床材で仕上げ、屋外の一画をテラスにする場合はタイル貼りにすることが多い。ベンチやテーブルを置くことで交流が促される［写真4、9］。

―――

2│庭計画のポイント

庭は、敷地内に設けられた建物のない空間である。建物と一体的に計画することで内部から外部へと活動が広がり、樹木や水によって

癒やしを感じることができる。ここでは庭を施設の重要な要素として計画した4つの事例を紹介する。

事例1：交流空間としての中庭
あおぞら

ユニット型児童養護施設で、中庭に面して事務室、厨房、幼児ユニット、男子ユニット、女子ユニット、自活ユニット、交流ホールの入口があり、それらをつなぐように園路をめぐらせている。子どもの食事は厨房から各ユニットに運ぶ。行きかう職員と滞在する子ども、別ユニットの子ども同士など、中庭でさまざまな交流が生まれ、見守りのある空間での安心した人間関係を育む場所となっている。外部に対しては低い門扉で開放性を出し、樹木により視線を遮ることで安心感をもてるように計画している[図1]。

事例2：子どもサイズの小さな家に囲まれた庭
和泉乳児院・和泉幼児院

2歳から就学前までの子どもが生活する4つのユニットの玄関が園庭に面する。外遊びの好きな子どもができるだけ自由に遊びを楽しめるように計画した。本体はRC造4階建ての建物であるが、園庭は屋根のある物置を塀と一体でつくり、木造平屋建ての保育棟とともに、子どもサイズの小さな家に囲まれた庭とした。物置と物置の間はレンガブロックを透かし積みにし、外部に子どもの気配が伝わるように計画した。野菜を育てる畑、三輪車で走れる園路、布団干しや洗濯物干しのテラスなど、生活感のある安心できる遊び場となっている[図2、3、4]。

事例3：カツラの木とせせらぎの中庭
ぷれいすBe

障害者の通所施設において建物の内部に光と風を取り入れる中庭を計画した。カツラの木とレンガで構成するシンプルな空間である。井戸水を利用した水盤に落ちる水はせせらぎとして流れ、水音を立てて別の水盤に流れ込む。建物内のさまざまな場所から緑を見、水音を感じることができ、利用者や職員がほっとする空間となることを意図した。中庭の北側に面した建物の廊下はガラスの開口でせせらぎの全景を眺められ、中庭の南側に面した居室は凹凸をつけた壁に腰窓を付けて廊下を通る人と居室にいる人の視線が重ならないようにしている[図5、6、7]。

事例4：お地蔵様と観音様のある雑木の庭
ふれ愛の館しおん

乳児院と乳児保育園、地域密着型特別養護老人ホームの入る2棟の建物に挟まれた屋外空間を、自然の樹木が生い茂る雑木の庭として設計した。建替え前の園庭に設置されていた子育て地蔵とるり観世音菩薩を配置し、災害用に掘った井戸の水が像の周囲の水盤から小さなせせらぎに流れるよう計画した。高木、中木、低木の自然の雑木を移植し、足元には可憐な花をつける宿根草を植え込んでいる。

そよそよ流れる風、木の香り、音を吸収する土や葉の茂み、適度な湿りなどが五感をやさしく包む。ぐずっていた乳児が庭にくると泣き止み、お年寄りがベンチでひとときを過ごすなど、年齢を問わず気持ちが癒やされる居心地のよい空間となった[図8、写真14、15、16、17]。

1│喫茶の看板［**1-2** ヤンググリーン］

3│建物の外観に合わせたゴミ置場［**2-1** 豊里学園］

2│子どもを守りつつ地域に開く塀・門と駐輪場の目隠し塀［**2-5** あおぞら］

4│パーゴラのあるテラス［**1-3** 里の風］

交流空間としての中庭 | 2-5 あおぞら

図1 | 中庭平面図 | 1/200

5 | 宿根草をままごとに使う子ども

6 | 井戸の手押しポンプで水を出す

7 | 幼児のための囲われた庭

8 | 玄関前の側壁に腰をかけて話をする

9 | ベンチを置くことで交流が促される

子どもサイズの小さな家に囲まれた園庭｜2-8 和泉乳児院・和泉幼児院

図2｜園庭平面図｜1/200

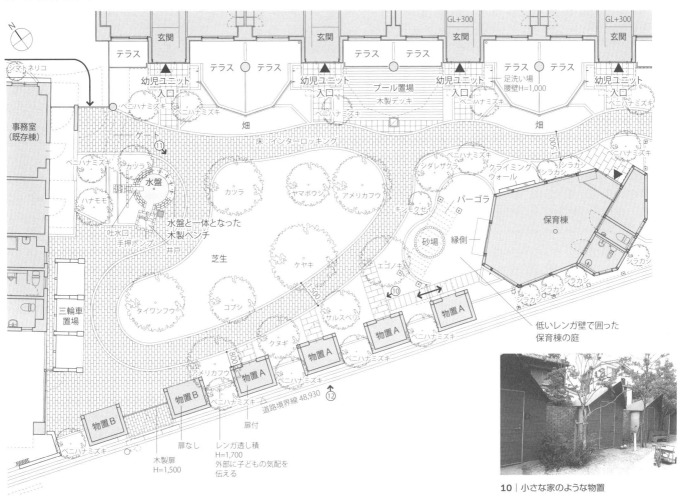

（平面図中の注記）
N
シマトネリコ
事務室（既存棟）
玄関
テラス
幼児ユニット入口
ベニハナミズキ
ゲート
⑪
水盤
水盤と一体となった木製ベンチ
吐水口 手押ポンプ
井戸
三輪車置場
芝生
カツラ
ハナモモ
ベニハナミズキ
カツラ
ヤマボウシ
アメリカフウ
ケヤキ
タイワンフウ
コブシ
サルスベリ
クヌギ
物置A
物置A
物置A
物置A
物置B
物置B
アメリカフウ
ベニハナミズキ
エゴノキ
ベニハナミズキ
砂場
シダレザクラ
キンモクセイ
パーゴラ
クライミングウォール
シラカシ
ベニハナミズキ
保育棟
シラカシ
シラカシ
縁側
⑩
800
1,500
1,500
玄関
テラス
テラス
幼児ユニット入口
プール置場
木製デッキ
畑
床：インターロッキング
足洗い場 腰壁H=1,000
玄関
GL+300
幼児ユニット入口
畑
GL+300
幼児ユニット入口
道路境界線 48,930
⑫
扉付
扉なし
木製扉 H=1,500
レンガ透し積 H=1,700 外部に子どもの気配を伝える
低いレンガ壁で囲った保育棟の庭

10｜小さな家のような物置

図3｜パーゴラ断面図｜1/100

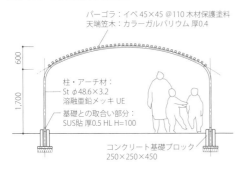

パーゴラ：イペ 45×45 @110 木材保護塗料
天端笠木：カラーガルバリウム 厚0.4
柱・アーチ材：St φ48.6×3.2 溶融亜鉛メッキ UE
基礎との取合い部分：SUS貼 厚0.5 HL H=100
コンクリート基礎ブロック 250×250×450
600
1,700

図4｜物置・塀断面・立面図｜1/100

屋根：St 厚4 亜鉛メッキ SOP
棚板：ラワン合板 厚18
床：モルタルコテ押さえ
外壁・扉：杉板 厚18 木材保護塗料
通気のため、上部は目透し貼としている
レンガ透し積 210×100×60 透し目地幅22
1,750
2,700
1,700
50
1,500
塀
物置A
塀
物置A
2,000
1,800

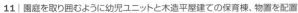

11｜園庭を取り囲むように幼児ユニットと木造平屋建ての保育棟、物置を配置

12｜レンガを透かし積みにして道路側に気配を伝える

カツラの木とせせらぎの中庭 | 1-4 ぷれいすBe

図5 | 中庭平面図 | 1/100

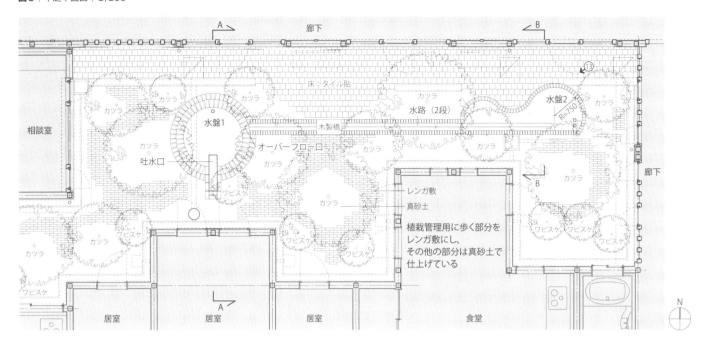

図6 | 水盤1 断面図（A-A）| 1/30

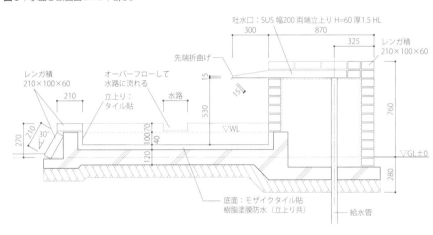

図7 | 水盤2 断面図（B-B）| 1/30

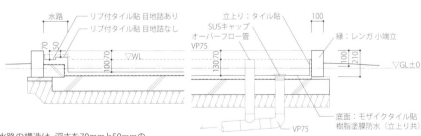

水路の構造は、深さを70mmと50mmの
2段階とし、仕上げタイルを
リブ付にすることで、流れ出る水が
水音を立てるようにしている

13 | カツラの木の葉陰。
井戸水が奥の水盤から手前の水盤に流れる

お地蔵様と観音様のある雑木の庭 │ **3-3** ふれ愛の館しおん

図8 │ 中庭平面図 │ 1/120

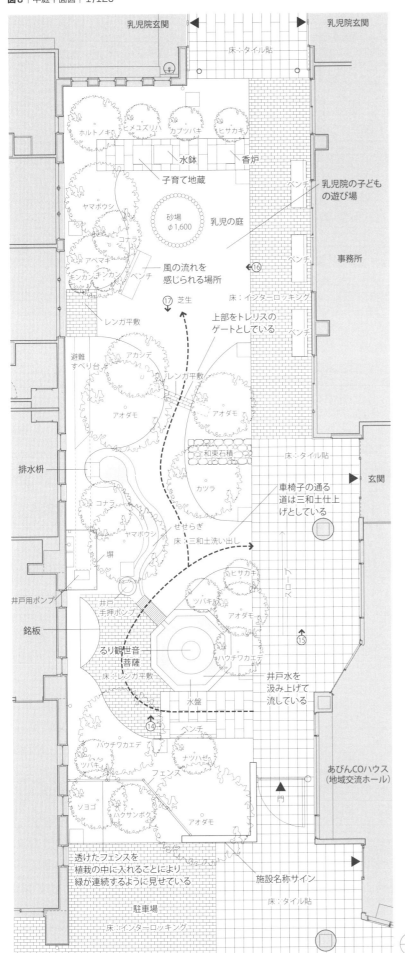

乳児院玄関　　乳児院玄関

床：タイル貼

ホルトノキ　ヒメユズリハ　カブツバキ　ヒサカキ

水鉢　　香炉

子育て地蔵

ヤマボウシ

砂場
φ1,600　乳児の庭

コナラ

アベマキ

キンカンキンカン　　ベンチ

乳児院の子ども
の遊び場

ベンチ

事務所

⑯

風の流れを
感じられる場所

⑰ 芝生

上部をトレリスの
ゲートとしている

床：インターロッキング

ベンチ

レンガ平敷

アカシデ

レンガ平敷

避難
すべり台

アオダモ

アオダモ

床：タイル貼

和束石積

カツラ

排水枡

コナラ

ヤマボウシ

塀

せせらぎ

床：三和土洗い出し

車椅子の通る
道は三和土仕上
げとしている

玄関

アプローチ

井戸用ポンプ

井戸
手押ポンプ

ヒサカキ

ツバキ

アオダモ

⑮

銘板

るり観世音
菩薩

床：レンガ平敷

ハウチワカエデ

井戸水を
汲み上げて
流している

水盤

⑭　ベンチ

ハウチワカエデ

ツバキ

ナツハゼ

フェンス

あびんCOハウス
（地域交流ホール）

ソヨゴ

ハクサンボク

アオダモ

門

透けたフェンスを
植栽の中に入れることにより
緑が連続するように見せている

施設名称サイン

床：タイル貼

駐車場

床：インターロッキング

N

14 │ るり観世音菩薩。水盤から水が流れ出る

15 │ アプローチの庇。右手は建物の玄関

16 │ 乳児の庭。子育て地蔵と砂場がある

17 │ 乳児の庭から入口方向を見る。中央にトレリスがある

環境計画のポイント

施設名	2重屋根	ルーバー・パーゴラ	太陽光	OMソーラー	雨水	井戸	ビオトープ	壁面緑化	屋上緑化
ヤンググリーン			○	○				○	○
里の風	○	○	○	○			○		○
あおぞら		○	○	給湯		○			
ぶれいすBe	○	○				○		○	
和泉乳児院・幼児院			○			○			

表1｜環境計画の取り組み一覧

図1｜エコロジー計画図
［**1-3** 里の風］

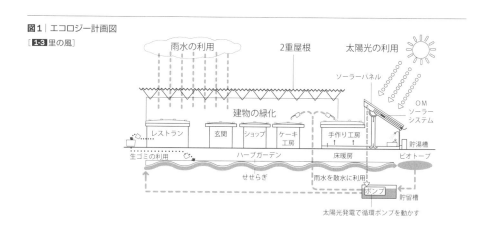

図2｜配置図［**1-3** 里の風］｜1/500

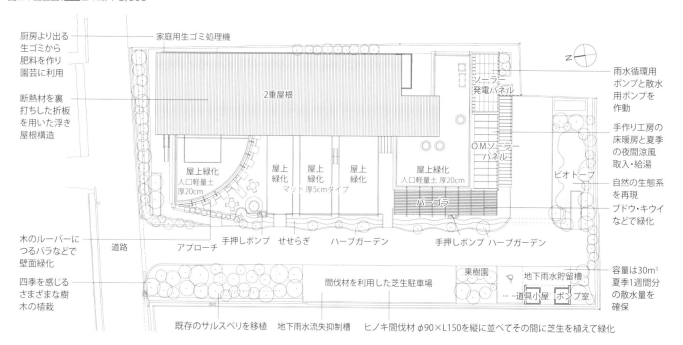

図3｜2重屋根詳細図［**1-3** 里の風］｜1/50

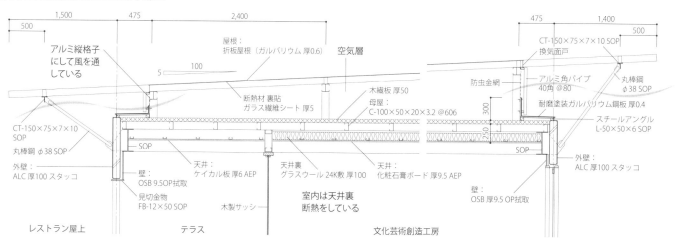

環境への取り組みをどこまで行うかは、社会的背景や運営者の考え方、資金内容などによるところも大きい。福祉施設の環境計画では、機械設備を利用するだけでなく建築そのものの形態や材料で省エネルギー化を図ることを心がけている。設備を導入する時には、メンテナンスの費用がかかってくることを念頭に置いておく必要がある。

この事例集で取り上げた施設の環境計画の取り組みをまとめると、表1のようになる。

1 | 環境設計への取り組み

初めて本格的な環境設計に取り組んだのはヤンググリーンにおいてである。限られた敷地の中で緑の空間をつくるため屋上に庭と畑をつくることを計画した。名古屋で先進的な取り組みをしている事例を調査に行き、そこからヒントを得て、屋上菜園への雨水利用、雨水をポンプアップする太陽光発電、生ゴミ処理など施設内での資源循環と、躯体蓄熱空調、屋上・壁面緑化、国産ヒノキ材の使用などエコロジカルな施設づくりを目指した。

次に設計した里の風では、施主の意向を受け、環境共生と地域の子どもを呼び込む施設づくりを目指し、太陽光や雨水など自然の恵みを感じられる建築を計画した。雨水を集めるせせらぎとビオトープ、手押しポンプ、OMソーラーシステムによる暖房、間伐材の使用、ハーブの植え込みや果樹の植栽など、敷地全体を利用して目に見える形で環境との共生を図った。また、屋根の断熱については屋上緑化と、2重屋根を採用した[図1、2]。

2 | 建物の形状による環境負荷の軽減

① 2重屋根

建物の断熱には、屋上緑化を使うことが多いが、荷重や手入れの問題があり、メンテナンスが不要な方法として建物の形状そのもので断熱することを考えた。里の風では2階から見える1階の陸屋根は芝生を植えた屋上緑化とし、2階の屋根は、空気層を挟んだ2重屋根構造とした[写真1]。荷重を抑えつつ断熱効果をもたせることができる。庇を大きく張り出した屋根を本体と切り離して設けることにより、屋上および外壁への直射日光を防いでいる。構造は断熱材で裏打ちした折板屋根を本体から浮かせて設け、西下りの片勾配とした。これは

夏の西風を通し西日を防ぐことを考慮したものである[図3]。

木造建築で同じ2重屋根を採用したのがぷれいすBeである。この建物は平屋部分が大半を占めることから屋根からの太陽熱を室内に伝導しないことを主眼とした。24mmの構造用合板で陸屋根を仕上げ、その上に束で勾配屋根を浮かせている。合板は床、屋根面の水平耐力を担っているため火打梁は設けていない。

② 庇、ルーバー、パーゴラ

庇は夏の直射日光の部屋への侵入を防ぐとともに、紫外線や雨から建物を守り、劣化を防ぐ役割を担うことから、できるだけ庇のある建築を設計するようにしている。また、窓からの直射日光を遮るために、日除けルーバーや植栽を施したパーゴラを設けることも多い[写真2]。

ぷれいすBeの重症心身障害者が日中を過ごすエリアは、テラスにはパーゴラを設け、南面の開口の外側に50mm角のヒノキ材を45度傾けたひし形ルーバーを取り付けている。これは、夏の日射を遮り冬の日差しを取り込むよう計画した。

3｜中庭［**1-4** ぷれいすBe］

③ 中庭・ライトコート

建物と屋外空間を一体的に計画することは、快適な室内環境を得るためにも重要なポイントである。建物の規模が大きくなり、各室が外気に面することができない場合、中庭やライトコートを設けて採光と換気を確保する。また、できるだけ植栽をほどこし、視覚的にも安らぎを感じられるように計画している。

ぷれいすBeの中庭は東西に長く南北は約5mしかない。そこで南側の軒高を低く抑えて太陽光を中庭に取り込む形状としている[写真3]。

1｜2重屋根［**1-3** 里の風］

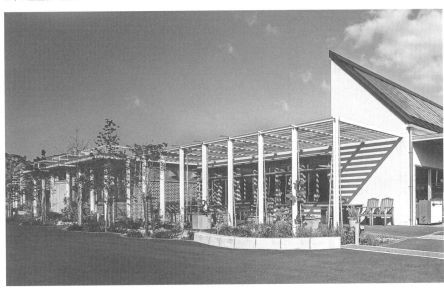

2｜パーゴラ［**1-3** 里の風］

3│太陽光と水の利用

太陽光の利用には太陽の光を直接電力に変えるソーラー発電と、太陽熱による床暖房システムがある。また、水の利用には雨水と地下水がある。私たちが福祉施設で取り入れるのは、主に敷地内の植栽への潅水に雨水や地下水を利用することで水道代を節約できないかというところから出発している。費用については、資源有効活用の補助金を得てイニシャルコストを軽減した。

■ ①太陽光と雨水を利用した潅水システム

ヤンググリーンでは屋上に降った雨水を地下の貯水槽に溜め、ソーラー発電による動力ポンプで3階までポンプアップして屋上菜園の水遣りに利用している。屋上菜園の水遣りは

自動潅水装置を備えており、施設の休みにも対応できる［写真4］。
里の風では敷地内に降った雨水は建物の前を流れる人工のせせらぎに集められ敷地奥につくったビオトープに流れ込む。ろ過された水は地下貯留層に溜められ、ソーラー発電の力で循環し自動潅水装置により散水される。雨水利用は散水などへの再利用だけでなく、水遊びのできる手押しポンプを設けることで子どもを呼び込む施設を目指した。利用者にとってはせせらぎを流れる水音が自然の恵みをさりげなく示してくれる［図4］。

■ ②太陽熱の利用

里の風では、太陽熱による床暖房システムとして、OMソーラーを導入した。1階手作り工房は夜間には研修室として使用することが計画

され、滞在時間の長い部屋であることから、昼間の熱を床下のコンクリートに蓄熱するゆるやかな暖房を取り入れた。夏季は浴室の給湯に利用している［図4、写真5］。

■ ③地下水（井水）の利用

洗濯サービスを事業とする施設は水を大量に使用する。ぷれいすBeの敷地は地下水の豊富な地域であったことから井水を洗濯用水に利用することを計画した。また井水を植栽への散水と中庭のせせらぎに利用し、緑豊かな空間と水の音による安らぎの環境を提供した。水質の確保と業務用洗濯に使用する水量をまかなうために井戸は100mの深さとし、ろ過設備を設け洗濯に使用できる水質にまで高めている。水中ポンプで汲み上げた井水は、ろ過装置を通り処理水槽（3.2t）に溜められる。洗

図4│ソーラー発電とOMソーラーの利用図［1-3 里の風］

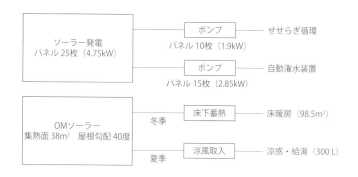

図5│井水系統図［1-4 ぷれいすBe］

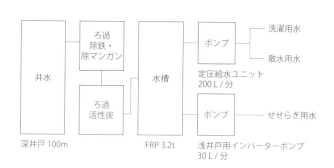

4│屋上菜園とソーラーパネル［1-2 ヤンググリーン］

5│OMソーラーの赤いダクトを部屋の中に露出している［1-3 里の風］

濯と散水は同じ給水ポンプを使用し、せせらぎ
は吐水をスイッチで入切できるように専用の
ポンプにしている[図5]。

4 | 緑化と木材の利用

■ ①建物の緑化

建物の緑化には屋上緑化と壁面緑化があり、
屋上緑化には芝生を貼る方法と屋上菜園を利
用した緑化がある。里の風では屋根のデザイ
ンにより、土を入れて芝生を植える標準タイ
プとマットタイプの2種類の屋上緑化を行った
[写真6]。マットタイプの芝生は防水端部の立ち
上げが不要なため、軽やかな屋根をデザイン
できる[図6]。土を入れる標準タイプの屋上緑
化は、防水端部を立ち上げるため屋根が分厚
くなる[図7]。

壁面緑化では蔓性植物を絡ませる木製のルー
バーを設けたり、壁沿いにナツヅタを植えて
緑で覆うよう計画している。

■ ②駐車場の緑化

里の風では間伐材を利用して緑化を図った。
ヒノキの間伐材(φ90×L150)を縦に並べ、連結
金物で固定し、その間に土を入れ芝生を植え
ている(クスベ産業)[写真7]。

■ ③間伐材の利用

一日の大半を室内で過ごす人にとって施設内
の環境が及ぼす影響は大きい。ヤンググリーン
や里の風では、床と腰壁に国産ヒノキ材を使
用し、仕上げは自然の植物油とワックスをベー
スにした安全な塗料を使っている。また、事務
室の壁面収納や作業室の収納家具・作業机、
サインにもヒノキの集成材を用いて設計した。

7 | 間伐材を利用した駐車場[**1-3** 里の風]

図6 | マットタイプ詳細図[**1-3** 里の風] | 1/50

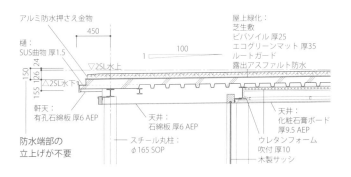

図7 | 標準タイプ詳細図[**1-3** 里の風] | 1/50

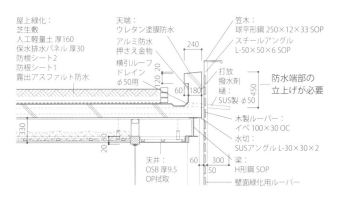

6 | 芝生を用いた屋上緑化。手前が標準タイプ、奥がマットタイプを使用している[**1-3** 里の風]

写真撮影者

[松村芳治]

p.12

p.16

p.19(3-7)

p.20

p.21

p.22(3)

p.23(5-11)

p.24

p.25

p.27

p.28

p.29

p.31

p.38

p.41

p.42

p.44

p.46

p.47

p.50

p.53

p.54

p.56

p.57

p.58

p.61(6,7)

p.62

p.65(3,4,6,8)

p.67(10,12,13)

p.68

p.70

p.72

p.76

p.77

p.79

p.80(1)

p.83

p.90

p.91

p.93(1)

p.95

p.96

p.97

p.98

p.99(2,3)

p.100

p.101(4)

p.104(1)

p.105

p.106

p.107

p.109(2,4)

p.111(11,12)

p.112

p.115(1,2)

p.116

p.117(6)

[母倉知樹]

p.32

p.35

p.84

p.87

p.99(4)

[彰国社写真部]

p.15(3,4,7)

p.61(2,3,4,5)

p.65(5,7)

p.67(9,11)

著者略歴

二井清治 | にい・せいじ

1946年	滋賀県生まれ 建築を独学
1974年	坂倉建築研究所に入所。 西沢文隆に師事
1987年	二井清治建築研究所を設立
現在	二井清治建築研究所 代表取締役、一級建築士

医療福祉建築賞、
SB05 Tokyo記念サステナブル建築賞、
ecobuild賞、環境・設備デザイン賞、
大阪・心ふれあうまちづくり賞、
大阪都市景観建築賞、
おおさか優良緑化賞など

二井るり子 | にい・るりこ

1957年	愛媛県生まれ
1979年	奈良女子大学家政学部 住居学科卒業
1982年	大阪府に行政職として入る。 土木部、総務部、福祉部等に 従事し、1992年退職。
現在	プラネットワーク代表取締役、 二井清治建築研究所副所長

医療福祉コンサルタント、博士(生活環境学)、
福祉住環境コーディネーター2級

[著書]

- 『知的障害のある人のための
  バリアフリーデザイン』
  彰国社、2003年(共著)
- 『医療福祉施設のインテリアデザイン』
  彰国社、2007年(共著)
- 『利用者本位の建築デザイン』
  彰国社、2017年(共著)
- 『福祉転用による建築・地域の
  リノベーション』
  学芸出版社、2018年(共著)

松田雄二 | まつだ・ゆうじ

東京大学大学院工学系研究科建築学専攻准教授

1977年生まれ。東京大学大学院工学系研究科建築学専攻博士課程修了。一級建築士、博士(工学)。2008年東京理科大学理工学部建築学科助教、2012年お茶の水女子大学大学院准教授、2015年より現職。

山田あすか | やまだ・あすか

東京電機大学未来科学部建築学科教授

1979年生まれ。東京都立大学大学院工学研究科建築学専攻博士課程修了。一級建築士、博士(工学)。2006年立命館大学理工学部建築都市デザイン学科講師。2009年東京電機大学准教授を経て2018年より現職。

三浦研 | みうら・けん

京都大学大学院工学研究科建築学専攻教授

1970年生まれ。京都大学工学研究科環境地球工学専攻博士課程修了、博士(工学)。1998年京都大学大学院工学研究科助手、2005年大阪市立大学准教授、2013年同教授を経て2016年より現職。

大原一興 | おおはら・かずおき

横浜国立大学大学院都市イノベーション研究院教授

1958年生まれ。東京大学大学院工学系研究科博士課程単位取得退学。一級建築士、工学博士。1987年東京大学工学部建築学科助手、1991年より横浜国立大学助手、助教授、教授を経て2011年より現職。

福祉施設の設計　障害者・子ども・高齢者　地域との共生を目指して

2020 年 12 月 10 日　第 1 版　発　行

著作権者と
の協定によ
り検印省略

編著者　二 井 清 治・二 井 る り 子
発行者　下　出　雅　徳
発行所　株式会社 彰　国　社

自然科学書協会会員
工学書協会会員

Printed in Japan

162-0067　東京都新宿区富久町8-21
電　話　03-3359-3231　（大代表）
振替口座　00160-2-173401

Ⓒ 二井清治・二井るり子　2020年　　　　　印刷：壮光舎印刷　製本：誠幸堂

ISBN 978-4-395-32159-9　C 3052　https://www.shokokusha.co.jp

本書は、2020 年 3 月に「ディテール別冊」として刊行しましたが、
このたび、単行本として新たに刊行しました。